Andrzej Moszczyński jest autorem 23 książek, 34 wykładów oraz 3 kursów. Pasjonuje go zdobywanie wiedzy z obszaru psychologii osobowości i psychologii pozytywnej.

Ponad 700 razy wystąpił jako prelegent podczas seminariów, konferencji czy kongresów mających charakter społeczny i charytatywny.

Regularnie się dokształca i korzysta ze szkoleń takich organizacji edukacyjnych jak: Harvard Business Review, Ernst & Young, Gallup Institute, PwC.

Jego zainteresowania obejmują następujące tematy: potencjał człowieka, poczucie własnej wartości, szczęście, kluczowe cechy osobowości, w tym między innymi odwaga, wytrwałość, wnikliwość, entuzjazm, wiara w siebie, realizm. Obszar jego zainteresowań stanowią również umiejętności wspierające bycie zadowolonym człowiekiem, między innymi: uczenie się, wyznaczanie celów, planowanie, asertywność, podejmowanie decyzji, inicjatywa, priorytety. Zajmuje się też czynnikami wpływającymi na dobre relacje między ludźmi (należą do nich np. miłość, motywacja, pozytywna postawa, wewnętrzny spokój, zaufanie, mądrość).

Od ponad 30 lat jest przedsiębiorcą. W latach dziewięćdziesiątych był przez dziesięć lat prezesem spółki działającej w branży reklamowej i obejmującej zasięgiem cały kraj. Od 2005 r. do 2015 r. był prezesem spółki inwestycyjnej, która komercjalizowała biurowce, hotele, osiedla mieszkaniowe, galerie handlowe.

W latach 2009-2018 był akcjonariuszem strategicznym oraz przewodniczącym rady nadzorczej fabryki urządzeń okrętowych Expom SA. W 2014 r. utworzył w USA spółkę wydawniczą. Od 2019 r. skupia się przede wszystkim na jej rozwoju.

Inaczej o dobrym i mądrym życiu to książka o umiejętności stosowania strategii osiągania wartościowych celów. Autor opisuje 22 aspekty, które prowadzą do bycia mądrym. W jakim znaczeniu mądrym?

Mądry człowiek jest skupiony na działaniu ukierunkowanym na podnoszenie jakości życia, zarówno swojego, jak i innych. O tym jest ta książka: o byciu szczęśliwym, o poznaniu siebie, by zajmować się tym, w czym mamy największy potencjał, o rozwinięciu poczucia własnej wartości, które jest podstawowym czynnikiem utrzymywania dobrych relacji z samym sobą i innymi ludźmi, o byciu odważnym, wytrwałym, wnikliwym, entuzjastycznym, posiadającym optymalną wiarę w siebie, a także o byciu realistą.

Mądrość to umiejętność czynienia tego, co szlachetne. Z takiego podejścia rodzą się następujące czyny: nie osądzamy, jesteśmy tolerancyjni, życzliwi, pokorni, skromni, umiejący przebaczać. Mądry człowiek to osoba asertywna, wyznaczająca sobie pozytywne cele, ustalająca priorytety, planująca swoje działania, podejmująca decyzje i przyjmująca za nie odpowiedzialność. Mądrość to też zaufanie do siebie i innych, bycie zmotywowanym i posiadającym jasne wartości nadrzędne (do których najczęściej należą: miłość, szczęście, dobro, prawda, wolność).

Autor książki opisuje proces budowania mentalności bycia mądrym. Wszechobecna indoktrynacja jest przeszkodą na tej drodze. Jeśli jakaś grupa nie uczy tolerancji, przekazuje fałszywy obraz bycia zadowolonym człowiekiem, to czy można mówić o uczeniu się mądrości? Zdaniem autora potrzebujemy mądrości niemal jak powietrza czy czystej wody. W tej książce będziesz wielokrotnie zachęcany do bycia mądrym, co w rezultacie prowadzi też do bycia szczęśliwym i spełnionym.

Andrzej Moszczyński

SUKCESY SAMOUKÓW

KRÓLOWIE WIELKIEGO BIZNESU

CZ. 3

2021

Redaktor prowadzący:
Alicja Kaszyńska

Zespół redakcyjny:
Anna Imbiorkiewicz, Karolina Kruk, Ewa Ossowska, Barbara Strojnowska,
Krystyna Stroynowska, Dorota Śrutowska, Robert Ważyński

Projekt okładki:
Mateusz Rossowiecki

Korekta oraz skład i łamanie:
Wydawnictwo Online
www.wydawnictwo-online.pl

Wydanie I

ISBN 978-83-65873-80-4

Wydawca:

ANDREW MOSZCZYNSKI
I N S T I T U T E

Andrew Moszczynski Institute LLC
1521 Concord Pike STE 303
Wilmington, DE 19803, USA
www.andrewmoszczynski.com

Licencja na Polskę:
Andrew Moszczynski Group sp. z o.o.
ul. Grunwaldzka 472, 80-309 Gdańsk
www.andrewmoszczynskigroup.com

Ukochanym córkom
Mai i Oli

SPIS TREŚCI

„Nie ma rzeczy niemożliwych,
są tylko trudniejsze do wykonania".

Aleksander Wielki

Wprowadzenie

Niniejsza książka to trzecia część serii zawierającej łącznie 50 biografii przedsiębiorców samouków.

Dzisiejszy system edukacji – publiczny, obowiązkowy, państwowy – charakteryzują dyscyplina, posłuszeństwo i autorytaryzm. Opiera się na oświeceniowym twierdzeniu, że człowiek jest *tabula rasa*, więc można go dowolnie kształtować i najpełniej rozwinął się w dziewiętnastowiecznych Niemczech Bismarcka.

Samoucy to ludzie, którzy zdołali wyłamać się z tego systemu i pójść własną drogą czy odnaleźć swoje miejsce w zupełnie innej branży niż ta, do której byli kształceni.

Dlaczego przedsiębiorcy? Dlatego, że nauczanie przedsiębiorczości w systemie szkolnym prawie nie istnieje. Szkoła przygotowuje nas – celowo – raczej do roli odbiorców i konsumentów niż twórców. Przygotowuje do szukania pracy, a nie rozwijania pasji w taki sposób, żeby stała się jednocześnie źródłem zarobku.

Przedsiębiorcy samoucy to bardzo liczna grupa ludzi – znacznie liczniejsza niż opisana w niniejszej serii. Większość z nich to ludzie od wczesnych lat życia mierzący się z trudnościami. Często pochodzili z biednych rodzin. Niektórzy, jak Milton Snavely Hershey musieli w dzieciństwie pracować, by pomóc w utrzymaniu rodziny. Tylko nieliczni, jak Bill Gates, nie zaznali w dzieciństwie biedy.

Niektórym przedsiębiorcom samoukom wydajność, pomnażanie pieniędzy czy sukces materialny, przesłoniły to, co najważniejsze. Steve Jobs potrafił niszczyć słabszych psychicznie, jeśli uznał ich za mało przydatnych. Jednak dla większości to nie pieniądze same w sobie były życiowym drogowskazem i wyznacznikiem sukcesu. Doskonale rozumieli, że pieniądze to wyłącznie narzędzie. David Green, twórca największej na świecie sieci sklepów z artykułami artystycznymi i rzemieślniczymi wyposażenia wnętrz, od zawsze był wierny wartościom, z których za nadrzędne uznał Boga i rodzinę. Już jako nastolatek wyznaczył sobie trzy cele: szczęśliwa rodzina, wychowanie dzieci tak, by były zdrowe i żyły zgodnie z przykazaniami boskimi, a także sukces w biznesie. Gdy już to wszystko osiągnął, dołożył czwarty cel: głoszenie Słowa Bożego i dawanie świadectwa Chrystusa wobec jak największej liczby ludzi. Milton Hershey założył szkołę dla sierot, fundował stypendia dla najbiedniejszych, a w czasach Wielkiego Kryzysu bardzo dbał o to, żeby nikt z jego pracowników nie stracił pracy. Mawiał, że „można być szczęśliwym tylko w takim stopniu, w jakim uczyniło się innych szczęśliwymi". Ludzi tego pokroju bez względu na wielkość ich majątku cechowała niezwykła skromność i pokora. Keneth A. Hendriks, przedsiębiorca budowlany, człowiek, który znalazł się na liście 400 najbogatszych Amerykanów magazynu „Forbes", uważał, że jego rolą jest dzielenie się tym, co osiągnął, i wskazywanie drogi następnym pokoleniom.

Warto, czytając niezwykłe historie 50 samouków biznesmenów, znajdować w nich to, co najcenniejsze. Wzmacniać w sobie wiarę w siebie i swoje marzenia. Nauczyć się od nich formułowania celów oraz entuzjazmu i determinacji w ich realizowaniu. Poznać, jak patrzyli na świat i co uznawali za największą wartość. Moim zdaniem, powinniśmy jednak przyglądać się tym historiom także krytycznie, a niektóre potraktować jak ostrzeżenie. Życie bowiem, jeśli jego największą wartością jest pieniądz, nie przyniesie szczęścia i nie będzie prawdziwym sukcesem, bo jak mówi John Paul DeJoria: „Aby odnieść sukces, musisz kochać ludzi, kochać swój produkt i kochać to, co robisz", zaś Amando Ortega Gaona, twórca marki odzieżowej Zara, wyznający tradycyjne wartości: wiarę i rodzinę, konkluduje: „Doszedłem do takich pieniędzy, ponieważ pieniądze nigdy nie były dla mnie celem".

Zapraszam do inspirującej lektury kolejnych 10 biografii przedsiębiorców samouków.

Andrzej Moszczyński

Amancio Ortega Gaona

(ur. 1936)

Hiszpan, twórca i współwłaściciel
holdingu odzieżowego Inditex,
w którego skład wchodzi między
innymi globalna marka ZARA,
najbogatszy Europejczyk oraz jeden
z trzech najbogatszych ludzi na świecie
(jego prywatny majątek został wyceniony
na około 66 mld dolarów w 2015 roku)

Amancio Ortega urodził się 28 maja 1936 roku jako najmłodszy z czwórki rodzeństwa w maleńkiej wiosce niedaleko La Coruny na północy Hiszpanii. Jego matka sprzątała domy, a ojciec był pracownikiem kolei. Gdy Amancio miał kilka lat, rodzina przeprowadziła się do La Coruna. Żyło im się bardzo ciężko. Zarobione przez rodziców pieniądze ledwo wystarczały na utrzymanie rodziny.

Jako trzynastolatek Amancio był świadkiem zdarzenia, które wywarło wpływ na całe jego dalsze życie. Gdy wracał ze szkoły z mamą, weszli do sklepu, w którym jego mama poprosiła o kredyt. Usłyszała wtedy od sprzedawcy: „Nie możemy pani udzielić pożyczki, musi pani zapłacić za towar”. Amancio poczuł się tak upokorzony, że postanowił, iż nigdy już nie pójdzie do szkoły, a w zamian rozpocznie pracę, by pomagać rodzinie. Zaczął jako kurier roznoszący paczki i listy. W wieku 17 lat był pomocnikiem w sklepie z koszulami (sklep działa do dziś!), a po przejściu przez wszystkie szczeble kariery został jego kierownikiem. Nie skończył żadnych szkół prowadzenia biznesu ani szkół odzieżowych. Swoją wiedzę zdobył jako samouk. W czasie pracy najemnej uczył się zawodu sprzedawcy, ale okazało się, że przede wszystkim ma mentalność przedsiębiorcy! I potrafił to wykorzystać.

Zaobserwował pewne prawidłowości rządzące branżą, które, jak się okazało, nie były oczywiste nawet dla ludzi w niej działających. Zauważył na przykład, że lepiej szybko wymieniać towar, proponując klientom nowe wzory i modele, niż długo czekać, aż produkt się wyprzeda albo zestarzeje, leżąc na półkach. Między innymi tę zasadę wprowadził w swoim biznesie. Dzięki temu nie zamrażał pieniędzy, a szybko nimi obracał. Jego pierwszą firmą była Confessiones GOA otwarta w 1963 roku. Zatrudnione przez niego krawcowe szyły pikowane szlafroki, piżamy i bieliznę. Całą produkcję Ortega oparł na spółdzielniach krawieckich, do których zapraszał kobiety z okolic La Coruny, wiedząc, że w regionie jest ogromne bezrobocie i kobiety te zrobią wszystko, aby uczciwie zarobić na utrzymanie rodzin, gdy ich mężowie byli na morzu. Amancio potrafił zapewnić sobie lojalność pracowników, bo był chłopakiem „stąd". Stawiał na tradycyjne wartości: wiarę i rodzinę. Znał mentalność ludzi z La Coruny i wiedział, jak trafić do ich serc. Żył ze swoimi pracownikami jak z rodziną. Pierwsza produkcja została uruchomiona w jego prywatnym mieszkaniu. Nie zapominał też o najbliższych. W Confessioness GOA sam zajmował się projektowaniem, jego brat Antonio marketingiem, a siostra Josefa była księgową.

W 1975 roku Ortega otworzył pierwszy sklep. Pierwotnie miał się nazywać Zorba na cześć ulubionego filmu Hiszpana, ale okazało się, że w pobliżu jest już bar o tej nazwie, dlatego ostatecznie zdecydował się na nazwę ZARA. Złośliwi mówią, że miał już przygotowane litery na szyld i nie chciał robić nowych, więc stworzył słowo podobne do Zorba… Od samego początku Ortega postawił na szybkość działania we wszystkich aspektach biznesu: od projektowania, poprzez produkcję, po sprzedaż i wymianę asortymentu w sklepach. ZARA rozrosła się do międzynarodowej sieci sklepów, a w 1985 roku wraz z kilkoma innymi markami stworzonymi lub kupionymi przez Ortegę weszła w skład holdingu Inditex.

Ortega zawsze starał się być krok przed konkurencją. Umożliwiała mu to otwartość na zmiany – interesował się nowościami pojawiającymi się w różnych działach gospodarki i zadawał sobie pytanie, jak wykorzystać je dla rozwoju mojej firmy. Był na przykład pionierem w wykorzystaniu technologii komputerowych w branży odzieżowej. Już w 1976 roku posiadał pierwszy komputer, dzięki któremu mógł śledzić wyniki sprzedaży w swoich sklepach. To wymagało od niego zdobycia nowych umiejętności związanych z obsługą komputera, który nie był w latach 70. urządzeniem powszechnego użytku. Ortega inwestował jednak swój czas zawsze tam, gdzie widział korzyści, a wiedza, co się sprzedaje i jaki jest stan zapasów w poszczególnych placówkach, była kluczowa dla firmy, która swoją działalność opierała na szybkim (w ciągu 48 godzin!) uzupełnianiu towarów. Komputer był do tego idealnym narzędziem. Do dziś sklepy Ortegi codziennie raportują sprzedaż, a on ponoć osobiście przegląda zestawienia tych danych i dzięki temu wie, co się sprzedaje, a co nie i czego szukają konsumenci. Daje to mu możliwość błyskawicznej reakcji na rynkowe trendy. Nowe linie pojawiają się w jego sklepach dwa razy w tygodniu i zawsze powstają na podstawie informacji zwrotnych z rynku. Projekty przygotowuje 350-osobowy zespół projektantów pracujący w Arteixo w Hiszpanii. Cała produkcja zlokalizowana jest w ojczyźnie Ortegi lub w ościennych, europejskich krajach, co zapewnia możliwość dostarczenia klientowi nowej rzeczy, która powstaje od zera, w ciągu zaledwie trzech tygodni! Hiszpan do perfekcji opanował komunikację z klientami. Daje to jego markom wręcz „niesprawiedliwą" przewagę nad konkurencją! Wydawałoby się to takie proste: należy sprzedawać to, czego oczekują klienci; jednak to właśnie Amancio, wykorzystując swoje doświadczenie handlowca, zastosował tę zasadę jak nikt przed nim.

Ortega do perfekcji rozwinął jedną z kluczowych dla człowieka przedsiębiorczego cech: proaktywność. Z jednej strony brał pod uwagę reakcje rynku i idealnie się do nich dopasował, z drugiej zaś, sam ten rynek „wychowywał". Firma nauczyła klientki, kiedy mają pojawiać się w sklepach. W sklepach Massimo Dutti i Stradivarius nowy towar pojawia się we wtorki i czwartki. Do ZARY po nowości odzieżowe najlepiej zaglądać w niedziele i czwartki, a we wtorki i piątki po buty. Bershka i Pull&Bear wystawiają nowości we wtorki i piątki. Klienci wiedzą, że warto prenumerować internetowy newsletter (kolejne wykorzystanie nowoczesnych technologii w tradycyjnym biznesie!), by raz w miesiącu otrzymać pełne informacje o planach na najbliższe tygodnie.

Kolejną nowością wprowadzoną w firmach Ortegi jest stosowanie krótkich serii. Hiszpan wykorzystuje psychologię sprzedaży, a konkretnie zasadę niedostępności. Klientki wiedzą, że na dany model trzeba decydować się tu i teraz! Jeśli przyjdziesz jutro, już go nie będzie. Krótkie serie mają jeszcze jedną zaletę – kupując u ZARY możesz spokojnie iść na przyjęcie bez obawy, że spotkasz kogoś w takiej samej kreacji. Jeśli nawet serie są wznawiane, to ze znaczącymi zmianami. Genialne? Tak! To wszystko w połączeniu z rewelacyjnymi projektami, często bardzo mocno inspirowanymi kolekcjami czołowych światowych projektantów – jak Valentino, Saint Laurent, Céline, Gucci czy Isabel Marant – ale 10-krotnie tańszymi, daje Inditexowi niezachwianą pozycję na rynku i pozwala spokojnie patrzeć w przyszłość genialnemu samoukowi z La Coruny. Dzięki temu może odpocząć w swoim pięciopiętrowym domu na obrzeżach rodzinnego miasta, hodując… kury i kozy. Dziś Ortega ma 79 lat. Unika mediów, bardzo rzadko pokazuje się publicznie. Jego filozofią życiową jest „absolutna normalność". Chroni swoją prywatność, dlatego nie ma w mediach i innych dostępnych źródłach wielu informacji o jego rodzinie. Wiemy, że z pierwszego małżeństwa z Rosalią Mera ma dwójkę dzieci (Sandrę i Marcosa). Od 15 lat jest w związku z Florą Perez Marcote, z którą ma córkę Martę. I to właśnie Marta przewidywana jest na następczynię Ortegi w prowadzeniu Inditexu.

Wszystko, co osiągnął, zawdzięcza swojej ciężkiej pracy i determinacji. Do tych dwóch cech, niezbędnych do osiągnięcia sukcesu, dołożył jeszcze rewelacyjne wyczucie sytuacji na rynku i chęć ciągłego uczenia się. Perfekcyjnie przewidywał to, w którą stronę podążyć, aby spółka się rozwijała, i błyskawicznie wprowadzał zmiany, które uznawał za konieczne. On po prostu wiedział, jaka linia świetnie się sprzeda, jakie dodatki zachwycą kobiety na całym świecie, a jaki materiał się nie spodoba. Mimo że jest już na emeryturze, w centrali firmy pojawia się bardzo często. Nadal jest tym samym skromnym mężczyzną, który zaczynał 50 lat temu swoją przygodę w biznesie. Obecnie nie posiada w firmie swojego biura, lecz siedzi przy jednym ze stołów na sali pełnej projektantów. Obiady jada w zakładowej stołówce, gdzie ponoć można się do niego przysiąść i porozmawiać. Ubrań uszytych w jego zakładach jednak nie nosi, ponieważ – jak twierdzi – „nie pasują do jego sylwetki”.

Ortega pamięta bardzo dobrze czasy, gdy żył w biedzie, dlatego marzył o tym, aby jego kolekcje były dostępne dla każdego, a nie tylko dla najbogatszych. Zdobywając kolejne stopnie wtajemniczenia w przemyśle odzieżowym, „zdemokratyzował” modę i przeniósł ją z ekskluzywnych wybiegów na ulice zwykłych miast na całym świecie. To, co było zastrzeżone tylko dla najbogatszych, teraz jest dostępne dla wszystkich. A że przy tym „udało” się stworzyć światowego giganta Inditex? To już produkt uboczny niezwykłej pasji skromnego syna kolejarza i pokojówki, który okazał się jednym z najbardziej ambitnych samouków naszych czasów.

KALENDARIUM:

28 maja 1936 – narodziny Amancio Ortegi Gaony

1949 – Amancio rzuca szkołę i rozpoczyna pracę jako goniec

1952 – zaczyna praca jako pomocnik w sklepie z koszulami w La Corunie

1963 – Ortega Gaona tworzy swoją pierwszą firmę Confessiones GOA zajmującą się szyciem szlafroków, piżam i bielizny

1966 – ślub z Rosalią Mera, ma z tego małżeństwa dwójkę dzieci: córkę Sandrę i syna Marcosa, niepełnosprawnego umysłowo

1975 – otwiera pierwszy sklep z odzieżą o nazwie ZARA w La Corunie

1985 – stworzenie holdingu Inditex skupiającego kilka marek Ortegi Gaona

1986 – Amancio i Rosalia rozwodzą się

1988 – ekspansja marki ZARA za granicą, m.in. w Portugalii, USA, Francji, Anglii

1991 – Ortega Gaona kupuje markę Massimo Dutti z odzieżą dla mężczyzn

1998 – uruchomienie marki Bareshka, sieci z odzieżą dla nastolatków

2000 – powstanie marek: Oysho, Zara Home, Uterqüe, Pull&Bear.

2001 – ślub z długoletnią partnerką Florą Perez Marcote, z tego małżeństwa pochodzi córka Marta

2001 – wprowadzenie holdingu Inditex na giełdę; koncern warty jest 110 miliardów euro (stan na grudzień 2015), a Ortega Gaona posiada w nim 59,3% udziałów

2011 – otwarcie ZARY w Australii (Sydney) i oficjalne odejście Amancia na emeryturę

CIEKAWOSTKI:

- Amancio Ortega tak bardzo nie lubi rozgłosu, fleszów kamer i publicznego pokazywania się, że jako jedyny z zaproszonych VIP-ów nie przybył na ślub księcia Hiszpanii Filipa, a podczas wizyty premiera Hiszpanii Jose Marii Aznara w Inditexie nie wyszedł, aby się z nim przywitać!

- ZARA pod rządami Ortegi Gaony potrafi dostosować swoje produkty nawet do klientów w poszczególnych… miastach! Gdy kilka lat temu w oddziale na Manhattanie uparcie nie schodziły białe marynarki, sprzedawcy zasięgnęli opinii klientek. Okazało się, że Manhattan woli kolor kremowy. Całą białą partię wycofano, a do nowojorskiego sklepu wprowadzono ten sam model w kolorze kremowym. Tak wygląda projektowanie na potrzeby indywidualnego klienta!

- Naczelną zasadą firm Ortegi Gaony jest szybkość. Jego projektanci (350 osób) mają za zadanie stworzyć trzy projekty dziennie, z których powstaje jeden produkt, a inspiracji mają szukać wszędzie: na ulicy, w pubach, na wybiegach wielkich projektantów. Pracownicy działu projektowego są specjalnie szkoleni, aby ciągle poszukiwać inspiracji, tak jak przez całe lata robił ich szef.

- Klientkami ZARY są między innymi: księżna Cambridge Kate Middleton, żona prezydenta USA Michelle Obama, aktorka Katie Holmes, żona premiera Wielkiej Brytanii Samantha Cameron oraz królowa Hiszpanii Letycja.

- Amancio bardzo ceni życie bez udziału mediów i chroni prywatność swojej rodziny. W grudniu 2012 roku hiszpańskie media doniosły, że zapłacił pół miliona dolarów, aby zapobiec publikacji zdjęć swojej córki Marty i jej męża Sergio Alvareza z ich miesiąca miodowego w Kambodży i Australii.

- W jego zakładach powstaje około 40 000 sztuk ubrań/butów w pojedynczej linii, które rozprowadzone w 90 krajach (w tylu ma swoje sklepy) dają naprawdę niewielkie ilości w konkretnym sklepie.

- Grupa Inditex cały czas się rozrasta, a obecnie należą do niej marki Bershka, Oysho, Massimo Dutti, Stradivarius, Pull&Bear, Zara Home i Uterqüe. Holding oprócz kilku globalnych marek odzieżowych skupia około 100 mniejszych firm związanych z projektowaniem ubrań, produkcją i dystrybucją. Obecnie grupa posiada 7000 sklepów w ponad 90 krajach i zatrudnia ponad 128 000 pracowników na pięciu kontynentach (dane na grudzień 2015 roku).

CYTATY:

„Doszedłem do takich pieniędzy, ponieważ pieniądze nigdy nie były dla mnie celem".

„Jestem własnością mojej firmy, a nie odwrotnie".

„W gazetach powinieneś się pojawić trzy razy w życiu: kiedy się rodzisz, gdy się żenisz i gdy umierasz" (o swojej niechęci do występowania w mediach).

„Najważniejszym elementem biznesu są ludzie".

ŹRÓDŁA I INSPIRACJE

O'Shea Covadonga, *Człowiek, który stworzył Zarę*, Wydawnictwo Ole, 2013.

Xabier R. Blanco, *Od zera do Zary*, Wydawnictwo Esfera, 2004.

Oficjalna strona internetowa Inditex: http://www.inditex.com.

Amancio Ortega Gaona, „Gazeta Finansowa Online", http://gf24.pl/?s=Amancio+Ortega.

Lisa Armstrong, *Amancio Ortega Gaona – skromny miliarder*, „The Daily Telegraph", http://vumag.pl/ludzie-moda/amancio-ortega-gaona-wlasciciel-zary-tajemnica-sukcesu-zary/nc275j.

William (Bill) Henry Gates III

(ur. 1955)

amerykański przedsiębiorca i filantrop, założyciel Microsoftu

Jedni widzą w nim wizjonera, dzięki któremu komputery osobiste stały się powszechne, inni – drapieżnego przedsiębiorcę, który dbając o własne interesy, zablokował rozwój całej branży komputerowej. Nie ma wątpliwości, że osiągnął ogromny sukces biznesowy, adaptując istniejące technologie do potrzeb rynku. W ten sposób w 20 lat z dwuosobowego start-upu stworzył jedną z najpotężniejszych firm świata.

Bill Gates urodził się w bogatej i wpływowej rodzinie w Seattle. Jego ojciec był prawnikiem, a matka pracowała jako nauczycielka, angażowała się w działalność dobroczynną i zasiadała w radach nadzorczych kilku firm, w tym banku założonego przez jej dziadka czy firmy komputerowej IBM. Bill wyróżniał się inteligencją, kochał rywalizację, uwielbiał grać z siostrami w gry strategiczne i z pasją pochłaniał książki. Choć jego rodzice woleli, by Bill uczęszczał do szkoły publicznej, to nim skończył 13 lat, zorientowali się, że nie stawia ona przed nim wystarczających wyzwań. Przenieśli go do prywatnej szkoły Lakeside School w Seattle. Była to jedna z pierwszych placówek w USA, w których rady rodziców postanowiły wykupić dla uczniów tymczasowy dostęp do komputera.

Sprzęt, z którym Bill miał szczęście się zetknąć, wzbudził jego zainteresowanie. Po paru tygodniach wiedział więcej o komputerach od nauczyciela, który prowadził zajęcia. Nie zakładał, że ktokolwiek pomoże mu w nauce – było dla niego oczywiste, że całą wiedzę o komputerach i programowaniu musi zdobyć sam. Ten temat całkowicie go pochłonął. Eksperymentował z maszyną przez cały dostępny czas i czytał wszystkie książki i czasopisma związane z informatyką, jakie tylko wpadły mu w ręce. Razem z nim w pracowni przesiadywał Paul Allen, z którym Bill w przyszłości miał założyć Microsoft.

Rodzice wspierali Billa w jego pasji, choć czasem musieli powstrzymywać jego zapał, gdy chłopak zaniedbywał naukę w szkole i własne zdrowie. Upierali się, że musi zdać maturę i dostać się na studia. Wierzyli, że ostatecznie Bill wybierze stabilną karierę prawnika, tak jak jego ojciec. Tymczasem chłopak nie dopuszczał do siebie myśli, że miałby wybrać spokojne, przewidywalne życie. Miał już pasję, której był gotów się poświęcić, mimo że nikt nie wiedział wówczas, w jakim kierunku będzie się rozwijać świat komputerów.

Jego życie toczyło się w pracowni komputerowej. Billa od początku fascynowały dwa aspekty informatyki – to, co można zbudować, używając umiejętności programistycznych, i to jak można te możliwości przekuć na korzyści w realnym świecie. Wypróbował to od razu w szkole.

Przekonał się, że mając dostęp do danych szkoły, może zmieniać rejestry swoich nieobecności, przepisywać się do grup, w których było więcej dziewczyn, czy przyznawać sobie więcej godzin dostępu do komputera. Jako wizjoner niestawiający granic swojemu myśleniu doskonale zdawał sobie sprawę, że to dopiero początek. Wstęp do rzeczywistego wykorzystania komputerów.

Bill i Paul szukali wszelkich sposobów na to, by znaleźć słabe punkty oprogramowania i doprowadzić do zawieszenia się systemu. To, co dla nich było zabawą, dla firmy wynajmującej komputer okazało się cenną usługą. Zaproponowano chłopcom nieograniczony dostęp do komputera w zamian za dalsze wyszukiwanie błędów w systemie. Bill zrozumiał, że już na tym etapie robił coś, co miało wymierną finansowo wartość. Miał 14 lat, ale czuł się przedsiębiorcą i mózgiem rodzącego się przedsięwzięcia.

Rok później chłopcy wypuścili swój pierwszy komercyjny produkt – był to system Traf-O-Data służący do pomiaru ruchu drogowego. To Bill wyszedł z inicjatywą, by dzwonić do firm i próbować im coś sprzedać. Zarobił w ten sposób swoje pierwsze 20 tysięcy dolarów.

Pod koniec 1974 roku Paul zobaczył na okładce czasopisma „Popular Electronics" reklamę pierwszego komputera osobistego Altair 8800 produkowanego przez firmę MITS. Razem z Billem szybko pojęli, że właśnie rozpoczyna się era komputerów osobistych. Wiedzieli, że firma MITS ma sprzęt, ale nie ma do niego jeszcze oprogramowania; wiedzieli, że chcą i potrafią stworzyć takie oprogramowanie. Musieli tylko wymyślić strategię, jak przekonać do siebie poważną firmę komputerową. Bill miał wystarczająco dużo determinacji i wiary w możliwości swoje i Paula, żeby zacząć działać natychmiast. Wiedział, że liczy się czas. Postanowił od razu zadzwonić do MITS i poinformować, że ma do zaoferowania oprogramowanie działające na komputerach Altair 8800. Dopiero gdy manager ze strony MITS zaprosił go, by swój produkt zaprezentował, chłopcy zabrali się za pisanie oprogramowania, które obiecali. To było wyzwanie, ale Gates już od dawna był specjalistą od wyzwań przekraczających wyobrażenia przeciętnego człowieka.

Młodzi informatycy nie mieli możliwości, by je chociażby przetestować na komputerze Altair, pracowali cały czas na emulatorze. Bill potrafił spojrzeć na siebie realistycznie. Wierzył, że ich produkt jest wystarczająco dobry, ale krytycznie patrzył na swoje możliwości sprzedażowe – choć miał 21 lat, wyglądał jak nastolatek. Za to o dwa lata starszy Paul miał o wiele doroślejsze rysy i zarost. Bill wiedział, że Paul ma dużo większe szanse na sprzedaż ich oprogramowania, jeśli na spotkanie poleci sam.

Paul wprowadzał ostatnie poprawki w kodzie jeszcze w samolocie w drodze spotkanie. Wstrzymał oddech, uruchamiając kod po raz pierwszy na komputerze Altair na oczach managerów MITS. Po chwili odetchnął z ulgą. Program zadziałał, managerowie byli zadowoleni i zainteresowani kupnem. Strategia, którą wymyślił Bill, zadziałała.

Jeszcze w tym samym roku chłopcy założyli firmę Microsoft, a Gates porzucił prestiżowe studia na Harvardzie, by całkowicie zaangażować się w produkcję oprogramowania. Wiedział, że w dziedzinie, która jest jego teraźniejszością i przyszłością, może być tylko samoukiem. Harvardzkie studia tylko by opóźniały jego rozwój. Firma Paula i Billa budowała programy dla firm, takich jak Commodore czy Apple.

Komputery osobiste cieszyły się coraz większą popularnością wśród pasjonatów. Tak było do końca lat 70. Było jednak tylko kwestią czasu, by na ten rynek zaczęły wchodzić duże firmy z zamiarem dotarcia do szerszej grupy klientów. Gra toczyła się o to, kto pierwszy postawi komputery na biurkach w każdym domu i w każdym biurze. Gdy firma IBM postanowiła zbudować własny komputer osobisty, Bill Gates wywalczył, by to właśnie Microsoft dostarczył dla niej system operacyjny. Aby zyskać na czasie, Gates kupił gotowy system QDOS za 50 tysięcy dolarów i zaadaptował go na potrzeby maszyn IBM. Gotowy system operacyjny nazwał MS-DOS – Microsoft Disk Operating System.

Ponownie to nie jakość czy szybkość wypuszczenia produktu zadecydowały o sukcesie, ale strategia. I znowu Bill okazał się znakomitym strategiem i wizjonerem patrzącym daleko w przyszłość. Przewidział, co się wydarzy dalej w branży komputerowej, więc zadbał przede wszystkim o to, by nie oddać firmie IBM wyłączności na użytkowanie systemu MS-DOS. Zastrzegł sobie prawo do jego sprzedaży każdemu producentowi komputerów osobistych.

Zgodnie z jego oczekiwaniami, gdy komputery IBM odniosły sukces, na rynku zaroiło się od tańszych wersji komputerów produkowanych przez mniejsze firmy. Każda z nich chciała zaoszczędzić na systemie operacyjnym, więc zamiast zamawiać system dedykowany, produkowały swój sprzęt tak, by można było na nich zainstalować powszechnie dostępny MS-DOS. W ciągu jednego roku sprzedaż Microsoftu wzrosła z 7 do 16 milionów dolarów. Dla Billa jednak pieniądze były tylko jednym z elementów układanki. Najważniejsze dla niego było to, że system produkowany przez Microsoft stawał się standardem na rynku oprogramowania. Dokładnie tak, jak to przewidział, negocjując z IBM-em. To właśnie tworzenie standardów było dla niego dźwignią do zdobycia wysokiej pozycji w branży komputerowej.

Pozycja Microsoftu rosła z każdym rokiem. Na całym świecie ludzie kupowali swoje pierwsze komputery, zmieniając całkowicie sposób pracy, a na nich najczęściej instalowali system MS-DOS. Gates naciskał na producentów sprzętu, by sprzedawali komputery z już zainstalowanym systemem operacyjnym Microsoftu. Cały czas jednak starał się patrzeć szeroko na całą branżę i dostrzegać potencjalne niebezpieczeństwa ze strony konkurencji.

Bill budował strategię firmy, wyszukiwał i zatrudniał najzdolniejszych ludzi z całych Stanów, ale też czuwał nad jakością technologii, sprawdzając i poprawiając każdą linijkę kodu. Kompletnie zrezygnował z życia osobistego. Przez kolejne 6 lat pozwolił sobie w sumie na zaledwie dwa tygodnie wakacji. Wśród pracowników krążyły historie, że można było go spotkać, jak ucina sobie drzemkę na podłodze w biurze. Gates stale analizował każdy możliwy rozwój wydarzeń i szukał sposobów, by zawsze być krok przed konkurencją. Wywierał presję na siebie i swój zespół, by zawsze mieć najlepsze pomysły i najlepszą ich realizację. Pracownicy Microsoftu nie mieli łatwo – wprawdzie mogli ubierać się swobodniej niż w innych korporacjach i mieli poczucie bycia technologiczną elitą, lecz jednocześnie musieli się liczyć, że na spotkaniu ich szef Bill powie im, że są głupi lub niekompetentni.

Jedyną firmą, która miała realną szansę zagrozić pozycji Microsoftu, było Apple. W Apple pracowano nad produktem, który miał szansę zachwiać pozycją systemu MS-DOS – był to GUI (Graphic User Interface), czyli graficzny interfejs użytkownika oparty na systemie „okienek" obsługiwanych za pomocą myszy. Był to system o wiele bardziej czytelny i przystępny od tego, który proponował Microsoft.

Bill Gates wiedział o tym, ponieważ Microsoft uczestniczył przy budowaniu tej technologii dla firmy Apple. Nie chciał pozwolić, by jakakolwiek firma okazała się lepsza i zajęła pozycję lidera. Wymyślił więc strategię, która pozwoliłaby mu zyskać na czasie. Gdy walczył, nie przebierał w środkach. Jeszcze przed premierą nowego GUI proponowanego przez Apple Gates ogłosił, że Microsoft również niebawem wypuści własny system operacyjny z okienkowym interfejsem użytkownika, a do tego w pełni kompatybilny z systemem MS-DOS. Przekonał klientów, by zamiast przestawiać się na system Apple, zaczekali na nowy system proponowany przez Microsoft. Zgodnie z jego obietnicą 2 lata po premierze GUI Apple'a na rynku pojawiła się pierwsza wersja Microsoft Windows. Windows faktycznie był łatwiejszy w obsłudze, opierał się na okienkowym interfejsie i był kompatybilny z MS-DOS. Był jednak też strasznie powolny i zawodny, często się zawieszał. Mimo to pozycja Microsoftu była zabezpieczona, a jedyne, co trzeba było zrobić w dalszej kolejności, to udoskonalać i rozbudowywać system. Gates wiedział, że akurat z tym on i jego zespół znakomicie sobie poradzą. Dla Apple była to jednak ewidentna kradzież technologii i firma ta skierowała w tej sprawie pozew do sądu.

Aby przyspieszyć prace nad udoskonalonym systemem Windows w 1987 roku Gates zdecydował, by wejść z firmą Microsoft na giełdę. Jednym ze skutków tego posunięcia było to, że on sam stał się z dnia na dzień najmłodszym w historii amerykańskim miliarderem – miał wówczas 31 lat.

Gates zrealizował swój pomysł, jak wszystkie poprzednie, z żelazną konsekwencją. Modernizował system Windows i wypuszczał jego kolejne wersje. W 1993 roku jego system sprzedawał się w liczbie miliona kopii miesięcznie. Po wersję Windows 95 ustawiali się w kolejce ludzie, którzy jeszcze nawet nie mieli komputera. Bill zadomowił się na długo na pierwszym miejscu listy najbogatszych ludzi świata. Ale chciał więcej – chciał, by Microsoft ustanawiał standardy nie tylko w dziedzinie systemów operacyjnych, ale też aplikacji. Snuł kolejne wizje i plany. Zbudował pakiet aplikacji biurowych, takich jak Word, Excel czy Power Point, instalowanych na każdym komputerze z systemem Windows, zaś kolejnym krokiem miało być przejęcie kontroli nad dostępem ludzi do Internetu dzięki preinstalowanej przeglądarce Internet Explorer. Doskonale potrafił przewidzieć zachowania jego dotychczasowych klientów. Uznał, że ludzie będą korzystać z aplikacji, które już mają na komputerze, więc nie będą odczuwali potrzeby szukania alternatywnych produktów.

Takie wykorzystywanie wiodącej pozycji na rynku zapewniało mu sukces, ale w praktyce blokowało możliwości rozwoju mniejszych firm technologicznych. W 1997 roku Departament Sprawiedliwości Stanów Zjednoczonych złożył w Federalnym Sądzie Rejonowym wniosek oskarżający Microsoft o praktyki monopolistyczne i zwrócił się o powstrzymanie integracji Internet Explorera z systemem Windows. Do oskarżeń przyłączyło się 20 stanów USA oraz Dystrykt Kolumbia. W 2000 roku zapadł wyrok stwierdzający, że firma Microsoft jest winna stosowania niedozwolonych praktyk. W 2004 roku w tej samej sprawie postępowanie przeciwko Microsoftowi wszczęła Unia Europejska; zakończyło się ono nałożeniem na firmę Billa Gatesa kary w wysokości 899 milionów euro, największej grzywny w historii Unii.

Bill stał się jednym z najpotężniejszych, ale też najbardziej znienawidzonych ludzi branży komputerowej. W jego życiu zaszła poważna zmiana: poznał Melindę French, z którą wziął ślub w 1994 roku. W tym samym roku też umarła matka Billa, która była dla niego przez całe życie wielkim wsparciem i inspiracją. Gates zmienił swoje podejście do życia, sam przyznawał, że ślub z Melindą był jedną z najlepszych i najważniejszych decyzji w jego życiu. Będąc z nią, zaczął inaczej patrzeć na ludzi i na „grę", którą z nimi toczył. Niedługo po ślubie założył swoją pierwszą fundację charytatywną i zaczął interesować się tym, jak pomóc ludziom, a nie jak na nich zarobić. W zarabianiu pieniędzy osiągnął już wszystko, natomiast pomaganie było dla niego wyzwaniem. W końcu to przecież to wyzwań szukał całe życie. Oddawał coraz więcej władzy w Microsofcie. Połowę lat 90. spędził na finansowaniu w całych Stanach bibliotek dla szkół z dostępem do komputerów i Internetu.

W 2000 roku Bill i Melinda założyli swoją fundację, która już kreśliła globalne cele. Stworzyli zespół zajmujący się badaniami i rozpoznawaniem najbardziej efektywnych metod pomocy ludziom na świecie. Zainwestowali w globalne programy szczepień, poprawy jakości edukacji czy dostępu do urządzeń sanitarnych. W 2008 roku Bill ogłosił, że rozpoczyna pracę w fundacji na pełny etat. Mówił, że w nowej pracy, podobnie jak w Microsofcie, nadal otacza się najbardziej inteligentnymi i utalentowanymi ludźmi i każe im dawać z siebie wszystko. Sam osiągnął prawdopodobnie więcej niż ktokolwiek w historii, namawiając innych miliarderów, by zaangażowali się w poprawę sytuacji na świecie, głównie w inwestowanie w czystą energię i wszelkie technologie mogące powstrzymać zmiany klimatyczne. Mając troje dzieci, zapowiedział, że nie zostawi im swojej fortuny. Postanowił za to zostawić im po sobie nieco lepszy i zdrowszy świat.

KALENDARIUM:

1955 – narodziny Billa Gatesa w Seattle w stanie Waszyngton

1967 – rozpoczęcie nauki w prywatnej szkole Lakeside School; poznanie Paula Allena

1968 – pierwsza styczność z komputerem w wieku 13 lat

1972 – Gates i Allen zakładają firmę Traf-O-Data mierzącą natężenie ruchu drogowego

1973 – Bill rozpoczyna studia na uniwersytecie Harvarda

1975 – Allen znajduje artykuł w „Popular Electronics" przedstawiający pierwszy na rynku mikrokomputer Altair 8800 firmy MITS – to oznacza początek ery komputerów osobistych; Allen i Gates decydują się zbudować system operacyjny dla tej maszyny i z sukcesem sprzedają go firmie MITS

1975 – Bill porzuca studia na Harvardzie i zakłada razem z Allenem Micro-Soft

1976 – zmieniają nazwę firmy na Microsoft

1980 – Microsoft tworzy MS-DOS (Microsoft Disk

Operating System) na zlecenie IBM, ale dostępny w sprzedaży też dla innych producentów komputerów; do 1984 roku Microsoft sprzedaje 2 miliony licencji na MS-DOS

1980 – Steve Ballmer dołącza do zespołu Microsoft

1982 – z powodu choroby i pogarszających się relacji z Billem Paul Allen opuszcza Microsoft zachowując około 1/3 udziałów; nigdy nie wraca do współpracy z Gatesem

1985 – pierwsza wersja Microsoft Windows (Windows 1.0)

1986 – Microsoft wchodzi na giełdę; w ciągu jednej doby Gates staje się miliarderem – wówczas najmłodszym w USA (przez wiele lat powtarzał, że będzie miliarderem przed trzydziestką, jednak osiągnął to mając 31 lat; jego rekord pobili Mark Zuckerberg w 2010 roku i Dustin Moskovitz w 2011 roku)

1989 – premiera pakietu Microsoft Office

1990 – premiera systemu operacyjnego Windows 3.0

1994 – Bill bierze ślub z Melindą French

1994 – powstaje pierwsza fundacja Gatesa – William H. Gates Foundation

1995 – premiera systemu operacyjnego Windows 95

1997 – Departament Sprawiedliwości Stanów Zjednoczonych, 20 stanów i Dystrykt Kolumbia pozywają Microsoft za stosowanie praktyk monopolistycznych

2000 – powstaje Bill & Melinda Gates Foundation

2000 – Steve Ballmer zastępuje Billa na stanowisku CEO Microsoftu

2001 – premiera pierwszej konsoli do gier produkcji Microsoftu – Xbox

2005 – Gates otrzymuje tytuł szlachecki od królowej Elżbiety II

2005 – wraz z Melindą Gates i muzykiem Bono Bill Gates otrzymuje tytuł Człowieka Roku przyznawany przez magazyn Time

2006 – Warren Buffet przekazuje dużą część swojej fortuny – 17,5 mld dolarów – fundacji Billa i Melindy

2007 – Bill otrzymuje honorowy doktorat Uniwersytetu Harvarda

2008 – Bill rezygnuje z pracy w Microsofcie, żeby w pełni poświęcić się pracy w Fundacji; spada na 3. miejsce w rankingu najbogatszych ludzi świata magazynu „Forbes" po tym, jak przekazuje znaczną część majątku na cele Fundacji

2009 – Bill ogłasza rozpoczęcie współpracy z Chińskim Ministerstwem Zdrowia i przekazuje 33 miliony dolarów na walkę z gruźlicą w Chinach

2010 – fundacja Gatesów przekazuje 10 miliardów dolarów na dziesięcioletni program badań nad szczepionkami

2010 – Bill i Melinda Gatesowie oraz Warren Buffett zakładają The Giving Pledge – organizację zajmującą się promowaniem działalności charytatywnej wśród najbogatszych ludzi świata

2015 – Gates uczestniczy w utworzeniu Breaktrough Energy Coalition – organizacji zbierającej fundusze na rozwój technologii wytwarzania energii pozwalających na ograniczanie emisji dwutlenku węgla do atmosfery; w inicjatywę zaangażowani są też między innymi Mark Zuckerberg, Jeff Bezos i Richard Branson

2016 – Gates wraca na 1. miejsce najbogatszych ludzi świata według „Forbesa"

CIEKAWOSTKI:

- Bill Gates ma troje dzieci: córki Jennifer i Phoebe, i syna Rory'ego. W 2014 roku ogłosił, że nie zostawi im w spadku swojej fortuny, licząc na to, że jego dzieci same zbudują swoje kariery, każde z nich dostanie „zaledwie" 10 milionów dolarów.
- Królowa Elżbieta II w 2005 roku nadała Billowi Gatesowi tytuł Rycerza Komandora Orderu Imperium Brytyjskiego (KBE) – nie będąc obywatelem Wielkiej Brytanii Bill, nie może się posługiwać tytułem „sir", ale może używać tytułu KBE po swoim imieniu.
- W 1977 roku Gates był aresztowany za prowadzenie samochodu bez prawa jazdy.
- Gates zajmował 1. miejsce na liście najbogatszych ludzi na świecie według magazynu „For-

bes" (Forbes World's Billionaires List) przez 12 lat z rzędu, od 1995 do 2007 roku.

O FIRMIE MICROSOFT:

Dochód: 93,58 mld dolarów (2015)
Zysk z działalności operacyjnej: 18,16 mld dolarów (2015)
Zysk netto: 12,19 mld dolarów (2015)
Aktywa ogółem: 176,22 mld dolarów (2015)
Razem kapitał własny: 80.08 mld dolarów (2015)
Liczba pracowników: 118 584 (2015)

GŁÓWNE ZASADY DZIAŁANIA MICROSOFTU:

- Komputer w każdym domu i na każdym biurku.
- Przejmij (technologię) i ją rozwiń (*Embrace and extend*).

MYŚLI NA PODSTAWIE ŻYCIORYSU BILLA GATESA:

- Wykorzystaj maksymalnie to, czym obdarzy cię los.
- Przygotuj się, że nie osiągniesz sukcesu przy pierwszej próbie.
- Stawiaj sobie ambitne cele, stwórz to, co możesz, a potem poprawiaj, aż osiągniesz produkt, który jest faktycznie dobry.
- Staraj się nauczyć jak najwięcej na podstawie swoich porażek.

CYTATY:

„Sukces to kiepski nauczyciel. Skłania mądrych ludzi do myślenia, że nie mogą przegrać".

„Jeśli nie możesz zrobić czegoś dobrze, przynajmniej zrób tak, żeby to wyglądało dobrze".

„Twoi najbardziej niezadowoleni klienci to twoje najlepsze źródło wiedzy".

„Do trudnego zadania wybieram leniwe osoby. Bo ktoś leniwy znajdzie prosty sposób na jego wykonanie".

„Życie nie jest sprawiedliwe. Przyzwyczaj się do tego".

ŹRÓDŁA I INSPIRACJE:

Strona i blog Billa Gatesa, na którym regularnie zamieszcza listę polecanych lektur: https://www.gatesnotes.com.
Profil Billa Gatesa na Facebooku: https://www.facebook.com/BillGates.
Oficjalna strona Bill & Melinda Gates Foundation: http://www.gatesfoundation.org.
Strona Billa Gatesa na TED.com, gdzie można znaleźć kilka jego przemówień: http://www.ted.com/speakers/bill_gates .

Bill Gates na Reddit: https://www.reddit.com/r/IAmA/comments/49jkhn/im_bill_gates_cochair_of_the_bill_melinda_gates.

Filmy:
Triumph of the Nerds (1996).
Nerds 2.0.1 (1998).
Waiting for „Superman" (2010).
The Virtual Revolution (2010).
Pirates of Silicon Valley (1999).

Książki:
Bill Gates, *Business @ the Speed of Thought*, Grand Central Publishing, 1999.
Bill Gates, *The Road Ahead*, Viking Press, 1995.
Paul Allen, *Idea Man: A Memoir by the Cofounder of Microsoft*, Portfolio, 2011.
David Bank, *Breaking Windows: How Bill Gates Fumbled the Future of Microsoft*, Free Press, 2001.
Jennifer Edstrom, Marlin Eller, *Barbarians Led by Bill Gates: Microsoft from the Inside*, Henry Holt and Co., 1998.

Jeanne M. Lesinski, *Bill Gates*, First Avenue Editions, 2000.

Janet Lowe, *Bill Gates Speaks: Insight from the World's Greatest Entrepreneur*, Wiley, 1998.

Stephen Manes, Paul Andrews, *Gates: How Microsoft's Mogul Reinvented an Industry and Made Himself the Richest Man in America*, Touchstone, 1993.

Gary Rivlin, *The Plot to Get Bill Gates*, Crown Business, 2000.

James Wallace, Jim Erickson, *Hard Drive: Bill Gates and the Making of the Microsoft Empire*, HarperCollin, 1993.

Hyman Golden

(1923-2008)

**współtwórca Snapple, jednej
z najpopularniejszych w USA marek
napojów owocowych i mrożonej herbaty**

W życiu nie potrzebujesz luksusów ani wykształcenia, aby osiągnąć sukces. Twoja pasja i determinacja zaprowadzą Cię tam, dokąd zmierzasz. Nie możesz odpuszczać, musisz być mądry i cierpliwie czekać na sukces. Udowodnił to syn rumuńskiego emigranta Hyman Golden, który wraz z dwoma kolegami z dzieciństwa stworzył od podstaw imperium produkcyjno-handlowe o wdzięcznej nazwie Snapple, sprzedające soki owocowe oraz mrożoną herbatę. W latach 80.

i 90. Zawojowało ono rynek, pokonując dwóch gigantów: Pepsi i Coca-Colę. Rozpoczynając z przyjaciółmi działalność w branży napojów, Hyman nie wiedział o niej nic. Uczył się od zera na swoich błędach oraz podpatrując innych. Był zdolnym samoukiem, który dzięki determinacji i cierpliwości stał się symbolem sukcesu. W swoją firmę zainwestował 6 tysięcy dolarów, a sprzedał ją za 1,7 miliarda dolarów.

Golden urodził się w Passaic w stanie New Jersey w biednej rodzinie rumuńskich emigrantów. W wieku zaledwie 4 lat stracił matkę. Wraz z ojcem przeprowadził się do Nowego Yorku. Ukończył szkołę podstawową i rozpoczął naukę w szkole średniej, lecz zrezygnował z dalszej edukacji z powodów trudnej sytuacji finansowej. Pomagał ojcu myć okna w biurowcach. Jako pomywacz okien pracował do 40 roku życia.

Na początku lat 60. postanowił jednak dokonać zmiany w życiu zawodowym. Ze swoim szwagrem Leonardem Marshem założył firmę remontową. Ich ambicje sięgały jednak znacznie dalej od przeprowadzania remontów w biurach na Brooklynie. Możliwość ich realizacji pojawiła się w 1972 roku za sprawą „trzeciego kumpla" z dzieciństwa – Arnolda Greenberga, właściciela sklepu ze zdrową żywnością w East Village na nowojorskim Manhattanie. Podczas którejś z rozmów Golden, Greenberg i Marsh wpadli na pomysł uruchomienia produkcji napojów owocowych. Każdy z udziałowców wyłożył 6 tysięcy dolarów i w ten sposób powstała niewielka firma o nazwie Unadulterated Food Products. Zakładając ją, nie wiedzieli nic o rynku napojów. Wierzyli w siebie, w swoje partnerstwo. Wiedzieli, że są w tej branży żółtodziobami i pilnie muszą się uczyć, a nie byli już młodzi. Marsh i Greenberg byli po czterdziestce, a Golden „dobijał" do pięćdziesiątki. Mieli swoje firmy, lecz chcieli czegoś więcej. Niestety, jak się okazało, na „coś więcej" trzeba było poczekać, i to długo…

Napoje produkowane przez Unadulterated Food Products (UFP) nie sprzedawały się tak, jak oczekiwali tego właściciele. Zmuszeni byli zatem wrócić do swoich codziennych zajęć: Greenberg do pracy w sklepie, a Golden i Marsh do remontów biur. Dzięki determinacji Goldena firma UFP nie zniknęła jednak z rynku, a jej właściciele nie przerwali pracy nad ulepszaniem swoich wyrobów. Przez kilka kolejnych lat uczyli się, testowali smaki, eksperymentowali z dodatkami. Wierzyli w swój produkt i byli uparci. Mieli ambitne plany i nie chcieli z nich rezygnować. „Chcemy dotrzeć do zwykłych Amerykanów. Szacujemy, że na 260 milionów naszych rodaków około 258 milionów to właśnie zwykli ludzie. Chcemy, aby wszyscy pili nasze soki" – mówił Hyman Golden w jednym z późniejszych wywiadów. Ta wiara oraz cierpliwość doprowadziła trzech przyjaciół do spektakularnego sukcesu. Pierwszy, może jeszcze nie ten największy, przyszedł w 1980 roku, czyli po 8 latach od założenia firmy. To były czasy boomu na zdrową żywność w USA. Golden, będąc bardzo dobrym obserwatorem i szybko ucząc się zasad rynku, postanowił ten trend wykorzystać. W 1980 roku Unadulterated Food Products wprowadziła na rynek linię soków owocowych o nazwie Snapple, produkowanych z naturalnych składników. Amerykanie oszaleli na ich punkcie.

Nazwa pochodziła od pierwszego produktu linii – soku jabłkowego (ang. snappy – sztuczka, apple – jabłko). Golden odkupił tę nazwę za 500 dolarów od człowieka z Teksasu, który ją wcześniej zastrzegł.

Wkrótce po pierwszym sukcesie firma zmieniła nazwę na Snapple Beverage Corporation. Centrala firmy przeniosła się z Brooklynu do Valley Stream, pozostając nadal w Nowym Yorku. Jak wspominają współpracownicy, w centrali firmy panowała zawsze rodzinna, wesoła atmosfera. Każdy z pracowników mógł przyjść do jego biura i zaproponować nowy smak oraz nazwę kolejnego napoju. „Było przy tym mnóstwo zabawy. Gdy właściciele siedzieli w laboratorium wraz z chemikami, wszyscy wyglądali jak świetnie bawiące się dzieci, a nie jak dorośli, poważni ludzie. Na podłodze było pełno fiolek i flakonów po koncentratach zapachowych. To była ich pasja, a nie praca" – wspomina w jednym z wywiadów Sharon, córka Goldena. Także w późniejszych latach Golden i wspólnicy nigdy nie testowali napojów czy herbat na grupach fokusowych. O tym, czy smak się przyjmie, decydowali ze współpracownikami. „Nie potrzebujemy robić testów. Sami jesteśmy Amerykanami i wiemy, co się spodoba" – mawiał Hyman Golden. Firma wprowadziła w ten sposób na rynek 52 smaki napojów, a jej produkty są sprzedawane w 80 krajach.

Hymana Goldena charakteryzowała dbałość o każdy szczegół przedsięwzięcia, od kształtu butelki po współpracę z dystrybutorami napojów. Kolorowe soki Snapple były zamykane w staromodne, ciężkie butelki z grubą szyjką i wydrukowanym charakterystyczną czcionką biało-niebieskim logo firmy. Wszystko to miało wyróżnić produkty Snapple spośród innych napojów na sklepowych półkach. Aby jednak napoje pojawiły się w wielu miejscach USA, potrzebna była sieć dystrybutorów. W jej tworzenie Golden włożył mnóstwo pracy i pomysłowości. Wiedział, że sprzedaż detaliczna będzie podstawą rozwoju firmy, więc skoncentrował się na budowaniu jak najlepszych relacji z właścicielami firm, które sprzedawały jego produkty. Mogli oni liczyć na wsparcie nie tylko pod względem logistyki dostaw, marketingu, rozliczeń, ale np. Golden przysyłał do lokalnych hurtowników swoich ludzi, którzy pomagali sprzedawać soki wraz z przedstawicielami hurtowni na ich terenie. Taka polityka bardzo się opłaciła. Produkty Snapple pojawiły się w delikatesach, marketach, barach, pizzeriach i na stacjach benzynowych. Były wszędzie! Firma rosła w siłę, przejmując ogromną część rynku soków w USA. Prawdziwe szaleństwo na Snapple nastało w 1987 roku. Golden i spółka jako pierwsi wypuścili na rynek butelkowaną, mrożoną herbatę z naturalnych składników. Innowacyjnością było to, że do butelek rozlewano zaparzoną naturalną herbatę, a potem butelkę zamykano na gorąco. Herbata taka miała dłuższy okres przydatności do spożycia bez konieczności dodawania konserwantów. Golden dzięki temu pozostawił w tyle całą konkurencję, która faszerowała swoje produkty dodatkami chemicznymi.

Snapple Beverage Corporation była już wtedy maszynką do zarabiania pieniędzy. W 1992 roku została wykupiona za 140 milionów dolarów przez Thomas Lee Company. Trzej przyjaciele oprócz wartości wykupu otrzymali 1/3 udziałów w sprzedaży, która rocznie wynosiła wtedy około 100 milionów dolarów. Hyman Golden został w 1990 roku prezesem firmy i pełnił tę funkcję przez 5 lat. Gdy przeszedł na emeryturę, roczne obroty Snapple wynosiły około 700 milionów dolarów. Niespełna rok później nowo powstała firma zadebiutowała na giełdzie, a w 1994 roku została kupiona przez Quaker Oats Company za 1,7 miliarda dolarów! I właśnie zakup ich „dziecka" za tak gigantyczną kwotę Golden, Greenberg i Marsh uznali za swój największy sukces. W jednym z wywiadów, mówiąc o decyzji otwarcia firmy produkującej soki, stwierdzili żartobliwie: „Snapple jest sukcesem, który wydarzył się z dnia na dzień, tylko trzeba było na niego poczekać dwie dekady!". Od tego czasu firma jeszcze kilka razy zmieniała właściciela, by ostatecznie zostać częścią koncernu Cadbury Schweppes, który obecnie działa pod nazwą Dr. Pepper Snapple Group. Odwaga i pójście pod prąd to dwa określenia najlepiej pasujące do genialnych zabiegów marketingowych Hymana Goldena mających wypromować markę Snapple. To był innowacyjny marketing, często zadziorny, momentami kontrowersyjny, ale zawsze z poczuciem humoru. Hasło reklamowe firmy brzmiało: „Wyprodukowane z najlepszego towaru na świecie". Biznesmen postanowił odróżnić się od konkurentów na rynku reklamowym i ryzyko się opłaciło. Na dodatek udowodnił, że warto iść pod prąd, gdyż projekty jego kampanii reklamowych, zawsze tak krytykowane przez specjalistów z branży, spotykały się z pozytywną, a czasem wręcz entuzjastyczną reakcją „zwykłych" Amerykanów.

Informacje dotyczące prywatnego życia Hymana Goldena są bardzo skromne. W 1948 roku ożenił się z Mitzi Marsh. Miał z nią trójkę dzieci: Sharon, Bruce'a i Roberta. Doczekał się 7 wnuków. Zmarł w 2008 roku w wieku 85 lat. Jego życie jest znakomitym przykładem tego, że warto czekać na swoją szansę (Golden czekał prawie 20 lat – od 1972 roku, gdy założył firmę, do początku lat 90., gdy sprzedawał markę Snapple za setki milionów dolarów). W drodze do realizacji marzeń, oprócz determinacji, ciężkiej pracy i koncentracji na celu, pomogła mu cecha, o której czasami zapominamy, a mianowicie: cierpliwość. Cierpliwość rozumiana jako zdolność spokojnego, wytrwałego dążenia do celu i nie zrażania się niepowodzeniami. Hyman Golden był samoukiem, uczył się na swoich błędach, wyciągał z nich wnioski. Cierpliwie czekał na swoje „5 minut", a gdy nadeszło, wykorzystał je perfekcyjnie dzięki swojej mądrości, tworząc jedno z największych imperiów na rynku napojów.

KALENDARIUM:

1923 – narodziny Hymana Goldena w Passaic w stanie New Jersey, USA

1927 – śmierć matki Hymana; chłopiec i jego ojciec przeprowadzają się do Nowego Yorku

1938 – rozpoczęcie pracy w firmie ojca przy myciu okien w biurowcach

1949 – ślub z Mitzi Marsh; z małżeństw urodzi się trójka dzieci: Sharon, Bruce i Robert

1960 – wraz z Leonardem Marshem, bratem swojej
żony Mitzi, zakłada firmę świadczącą usługi
remontowe
1972 – powstaje Unadulterated Food Products,
wspólne przedsięwzięcie Hymana Goldena,
Leonarda Marsha i Arnolda Greeneberga,
trzech kolegów z dzieciństwa; firma produ-
kuje soki owocowe
1980 – sukces linii naturalnych soków owocowych
o nazwie Snapple; firma zmienia nazwę na
Snapple Beverage Company
1987 – Golden i spółka jako pierwsi w Stanach
Zjednoczonych wprowadzają na rynek na-
turalnie parzoną i butelkowaną herbatę
mrożoną – to przełom na rynku napojów
gotowych do picia w USA, sprzedaż rośnie
jak szalona
1990 – Hyman Golden zostaje prezesem Snapple
Beverage Company; roczne obroty firmy to
około 100 milionów dolarów
1992 – marka Snapple zostaje wykupiona za 140
milionów dolarów przez Thomas H. Lee
Company

1993 – firma udanie debiutuje na amerykańskiej
giełdzie

1994 – Nowym właścicielem marki Snapple zostaje
gigant Quaker Oats Company

1995 – Hyman Golden ustępuje ze stanowiska prezesa i odchodzi na emeryturę; roczne obroty
firmy oscylują wokół 700 milionów dolarów

1997 – Quaker Oats Company z powodu kłopotów
finansowych sprzedaje markę Snapple jedynie za 300 milionów dolarów firmie Triarc

2000 – Triarc odsprzedaje Snapple koncernowi Cadbury Schweppes za blisko 1,5 miliarda dolarów; do dziś Cadbury jest właścicielem
Snapple – obecnie działa pod nazwą Dr.
Pepper Snapple Group

14 września 2008 – Hyman Golden umiera w Great
Neck w stanie Nowy York

CIEKAWOSTKI:

• Od czasu pierwszej sprzedaży w 1992 roku
firma Snapple kilka razy zmieniała właścicie-

la. Niestety, zmiany nie przysłużyły się marce. W środowisku ekonomistów Snapple jest synonimem źle przeprowadzonej transakcji finansowej, gdyż Quaker Oats Company, która kupiła Snapple za 1,7 miliarda dolarów, sprzedała markę po kilku latach nieudanych zabiegów marketingowych za „jedynie" 300 milionów dolarów. Obecnie Snapple wchodzi w skład koncernu Dr. Pepper Snapple Group (dawniej Cadburry Scheppes).

- Golden nie wahał się zatrudniać w reklamach kontrowersyjnych postaci show bussinesu, takich jak Rush Limbaugh czy Howard Stern. Pierwszy to publicysta radiowy i prasowy, zwolennik partii republikańskiej, drugi jest znany z ciętego języka, prowadzi swój talk show w amerykańskiej telewizji i był kandydatem na gubernatora stanu Nowy York z ramienia Partii Libertariańskiej. Strzałem w dziesiątkę okazały się też emitowane przez 18 lat zabawne reklamy z Wendy Kaufmann znaną jako The Snapple Lady. Odpowiadała ona w krótkich spotach reklamowych na listy miłośników napojów Snapple. Kadr był zawsze ustawiony tak, aby zza recepcyjnego kontuaru ledwie wystawała głowa Wendy (rzeczywiście była kobietą niskiego wzrostu, niespełna 160 cm), a nad nią dominowało wielkie logo firmy.

ŹRÓDŁA I INSPIRACJE:

Hyman Golden, Co-funder of Snapple, Dies at 85, „New York Times", http://www.nytimes.com/2008/09/21/business/21golden.html?_r=0 .

Hyman Golden, Wikipedia, https://en.wikipedia.org/wiki/Hyman_Golden#cite_note-NYTObit-2.

Legacy: Hyman Golden 1923-2008, http://www.inc.com/magazine/20081201/legacy-hyman-golden--1923-2008.html.

Sydney Finkelstein, *Why Smart Executives Fail: And What You Can Learn from Their Mistakes*, Pinguin Group, 2003.

http://www.amazon.com/Why-Smart-Executives--Fail-Mistakes/dp/1591840457.

Snapple Guy's Overnight Success Took Decades, „The Wall Street Journal", http://www.wsj.com/articles/SB10001424127887324659404578499524275374196.

Oficjalna strona Snapple: http://snapple.com.

William Thomas Grant

(1876-1972)

amerykański przedsiębiorca, filantrop, założyciel sieci amerykańskich sklepów T.W. Grant Co.

William Thomas Grant przyszedł na świat w Stevensville w Pensylwanii. Jego ojciec zarządzał tam niewielkim młynem. Niestety, biznes przynosił wyłącznie straty, więc pięć lat po narodzinach chłopca Grantowie powrócili do rodzinnego stanu Massachusetts z nadzieją, że tam znajdą sposób na wyjście z kłopotów finansowych. Zamieszkali w portowym mieście Fall River. Ojciec zajął się prowadzeniem sklepu z herbatą. Chociaż handlował różnymi odmianami herbat, od klasycznych po bardzo orientalne, a w jego sklepie nie brakowało akcesoriów do parzenia herbaty, to praca w tej branży również nie przynosiła dużych dochodów. Trudno powiedzieć, czy ojcu Williama zabrakło pasji czy zmysłu handlowca, jednak gdyby nie jego żona, Amanda, która była bardzo oszczędną i zaradną kobietą, nie wiadomo, czy trójce dzieci państwa Grant udałoby się ukończyć szkołę.

Rodzeństwu nie brakowało obowiązków. William rozpoczął karierę sprzedawcy, gdy miał zaledwie siedem lat. By pomóc matce, handlował nasionami kwiatów. Mały chłopiec przyciągał uwagę, a to, że świetnie spełniał się w swojej roli, przysparzało mu klientów. Od najmłodszych lat uważnie obserwował, jak z codziennymi problemami radzi sobie jego mama. Oczy dziecka śledziły zmagania matki podejmującej kolejne skuteczne działania, dzięki którym zmniejszały się problemy finansowe rodziny. Szczególny podziw chłopca budziły jej zaradność i przedsiębiorczość. Prawdopodobnie wówczas William zaczął, naśladując matkę, rozwijać w sobie te cechy. Jako dziecko nauczył się też dobrej organizacji pracy. Wymagała tego niełatwa sytuacja życiowa. Musiał przecież pogodzić naukę w szkole z domowymi obowiązkami i pomocą rodzicom w prowadzeniu działalności handlowej. Im więcej miał lat, tym więcej doświadczeń zawodowych. Wcześnie stał się samodzielny. Pomogły mu w tym dobra organizacja czasu, zaradność i przedsiębiorczość. Pracował w różnych miejscach, czasem na kilku etatach. Zaliczył w swoim życiu nawet epizod promowania walk bokserskich za pieniądze.

Jednak najswobodniej i najpewniej czuł się za ladą sklepową. Przez dłuższy czas pracował w sklepach specjalizujących się w sprzedaży detalicznej drobnych artykułów gospodarstwa domowego. Z uważnością przyglądał się funkcjonowaniu sklepów. Poznawał asortyment sprzedawanych produktów zmieniający się w zależności od potrzeb i gustów klientów. Aby w pełni zaspokajać wymagania kupujących, musiał właściwie oceniać zalety i wady sprzedawanych artykułów oraz na bieżąco śledzić nowości w branży pojawiające się na rynku. Zdobycie takiej wiedzy wymagało czasu i dobrego zmysłu obserwacji, ale Grant był bystry, inteligentny i uważny. Szybko dostrzegł coś na pozór oczywistego, jednak często lekceważonego przez handlowców, mianowicie to, jak zadziwiająco łatwo sprzedają się najtańsze produkty – te o wartości 25 centów i nieco wyższej. Często klienci kupowali je, mimo że nie były im koniecznie potrzebne. Grantowi nie zajęło wiele czasu zrozumienie prostego mechanizmu wpływającego na decyzje kupujących: cena wydawała się na tyle niewielka, że nie obciążała portfela, a taki produkt zawsze przecież mógł się przydać.

William Thomas Grant pracował u innych, ale coraz częściej myślał o tym, by otworzyć własny sklep. Dotychczasowe doświadczenia nauczyły go, że we wszystkim, co zamierza osiągnąć, musi polegać wyłącznie na sobie. Czuł, że jest gotowy na to, by sięgnąć po całkowitą samodzielność. Zadowolenie z jego pracy okazywane przez pracodawców i klientów nie uśpiło go, lecz tylko wzmogło jego poczucie własnej wartości, a wrodzona ambicja podsunęła mu myśl, by otworzyć własny sklep. Ta myśl nie dawała mu spokoju. Z początku nieśmiała, z czasem stawała się coraz wyraźniejszym i łatwiejszym w realizacji pomysłem, by w końcu zmienić się w następny cel do osiągnięcia. Pewności dodawała Grantowi zdobyta dotychczas wiedza o handlu i zachowaniach klientów, a także gruntowne poznanie samego siebie i swoich możliwości. Poza pensją nie miał żadnych źródeł finansowych. Posiadał za to cenną umiejętność, którą przejął w dzieciństwie od matki – umiał oszczędzać. Oszczędzanie szło mu tym łatwiej, im ważniejszy stawał się wytyczony przez niego cel. Dzięki 1000 dolarów, które odłożył ze swoich skromnych dochodów, w 1906 roku w Lynn w Massachusetts mógł otworzyć swój pierwszy sklep.

Miał wówczas 30 lat i ciekawy pomysł na firmę, wynikający z wieloletniej samodzielnej nauki tajników handlu, z dotychczasowych doświadczeń w sprzedaży oraz z wnikliwej obserwacji klientów. Grant postanowił zaoferować ludziom to, czego potrzebowali na co dzień po cenach tak niskich, by mogli sobie na to pozwolić. Sam zadawalał się minimalnym zyskiem. Zdecydował, by w dyskontach handlowych otworzyć działy z artykułami kosztującymi nie więcej niż 25 centów. Żeby dla wszystkich oczywisty był profil sklepu, w nazwie oprócz swojego imienia i nazwiska umieścił informację: 25 Cent Store. Narzut wydawał się niewielki, ale w sklepowej kasie każdego dnia gromadziła się znaczna liczba drobnych monet. Samemu Williamowi trudno było uwierzyć w wysokość codziennych zysków.

Sklep sprzedający towary w cenie 25 centów szybko stał się popularny. Pomysł trafił w zapotrzebowania odbiorców, sprzedaż kwitła, a właściciel sklepu 25 Cent Store otwierał punkty sprzedaży w kolejnych dyskontach. Duże obroty w krótkim czasie przyniosły niebywały sukces i zapewniły dynamiczny rozwój firmy. Nowa sytuacja spowodowała, że William Thomas Grant musiał nauczyć się, jak sprawnie zarządzać siecią sklepów, cały czas także obserwował gusty odbiorców swoich towarów. Razem z pracownikami przechodził kolejne szkolenia, wybierał najlepszych producentów oraz urozmaicał asortyment sprzedaży. W końcu zaryzykował i zaczął otwierać kolejne, teraz już samodzielne punkty pod własnym nazwiskiem. Początkowo budowano je na obrzeżach miast, ale z czasem sklepy W.T. Grant można było spotkać w każdej części miasta, a coraz częściej w śródmieściu; zwłaszcza, gdy zaczęły funkcjonować jako centra handlowe. Po raz kolejny Grant skutecznie wykorzystał swój zmysł obserwacji. Zauważył bowiem, że na wielkość sprzedaży znacząco wpływa lokalizacja sklepu blisko klienta. Postanowił więc, że dobrym posunięciem będzie umieszczenie marketu w takim miejscu, by kupujący mógł do niego wejść po drodze z pracy lub podczas spaceru z rodziną po mieście. To był następny celny krok w rozwoju firmy, który sprawił, że przed końcem 1917 roku prężnie działało już 30 sklepów W.T. Grant.

Dzięki stale doskonalonym badaniom rynku Grant wiedział, że popularność swoich sklepów zawdzięcza specyficznemu profilowi sprzedaży opartemu na niedrogich towarach. Oczywiście rozwój sieci sklepów, a wraz z nim zwiększenie asortymentu spowodowały zróżnicowanie cen sprzedawanych artykułów. Już nie wszystkie mogły kosztować 25 centów, jednak wciąż marka sklepu była oparta na zasadzie oferowania dobrej jakości za niewielką cenę. W 1918 roku Grant nieznacznie podniósł ceny towarów, ale przez dłuższy czas starał się utrzymać je na poziomie około 1 dolara za jeden produkt.

William Thomas Grant bardzo uważał na to, by nie powtórzyć błędów ojca, które wynikały głównie z nieumiejętnego prowadzenia własnego biznesu i za każdym razem kończyły się bankructwem. Stale więc zgłębiał tajniki sztuki handlowej. Wiedział, że rynek się zmienia i on musi za tymi zmianami nadążać. Sklepy W.T. Grant rozpoczynały od sprzedaży najbardziej potrzebnych w gospodarstwach domowych przedmiotów, ale William potrafił wyciągać wnioski z tego, co usłyszał od klientów. W porę dostrzegł, że zakres proponowanych przez jego sklepy produktów przestał klientom wystarczać. Skoro coraz częściej pytali o artykuły, których w tam nie było, np. o sprzęt muzyczny czy ubrania, należało uzupełnić asortyment. Pierwszy sklep Granta składał się z 21 działów, ale z biegiem lat dołączały do nich kolejne oferujące: produkty dla kobiet, odzież, zabawki, książki, meble, płyty i elektronikę, sprzęt ogrodniczy i do pielęgnacji trawników. Znany i popularny, a nawet kultowy stał się dział z elektroniką i płytami muzycznymi, tzw. Bradford (od nazwy miejsca Bradford County w Pensylwanii, gdzie urodził się William). Z czasem sklepy Granta tak się rozwinęły, że zaczęły przypominać najnowocześniejsze współczesne domy towarowe.

Na przełomie lat sześćdziesiątych i siedemdziesiątych Granty stały się bardzo popularne. Kreatywność ich właściciela szła w parze z ogromnym wysiłkiem budowania sieci handlowej. Stale rozwijana siła woli, oszczędność i pomysłowość pomagały mu wspinać się powoli na szczyt handlowego sukcesu. Grant, który całe życie samodzielnie zdobywał wiedzę i uczył się na własnych doświadczeniach, nie bał się innowacji, a im bardziej firma się rozwijała, tym szybciej znikała niepewność w podejmowaniu kolejnych kroków.

Sklepy Williama Thomasa Granta oferowały coraz bogatszy asortyment produktów. To niewątpliwie przyciągało nowe rzesze klientów, ale też powodowało, że spędzali oni w sklepie coraz więcej czasu. Zakupom zaczęło towarzyszyć zmęczenie i znużenie. Grant po raz kolejny wyciągnął wnioski z poczynionych obserwacji i wpadł na następny przełomowy pomysł. Żeby zatrzymać kupujących na dłużej i pozostawić ich ze wspomnieniami mile spędzonego dnia, zaproponował im dodatkowe usługi, np. ciepłe posiłki. Uzupełniono sklepy o miejsca, w których zmęczeni klienci mogli szybko coś zjeść. Tanie przekąski, np. frankfurterki za 15 centów, okazały się znakomitym pretekstem do niedługiego odpoczynku w przerwie na dalsze zakupy, a towarzyszące rodzicom znudzone odwiedzaniem kolejnych stoisk dzieci były zabawiane przez klaunów, którzy przechadzali się po sklepach i rozdawali popcorn. Restauracje w Grantach zostały nazwane Bradford House, a ich maskotką stał się ubrany w niebiesko-żółty strój mały pielgrzym Bucky Bradford, który witał wchodzących słowami: „Mniam, mniam, już czas!". Sklepy W.T. Grant zaczęły spełniać funkcję społeczną. Kupującym kojarzyły się już nie tylko z zakupami, lecz także z miejscem spotkań, rozrywki i najlepszych hot-dogów w mieście.

Z czasem sieć sklepów detalicznych rozrosła się do 1200 lokali w 41 stanach. W 1936 roku osiągnęła zysk 100 mln dolarów rocznie. William Thomas Grant nie myślał przeznaczać zarobionych pieniędzy jedynie dla siebie i rodziny. W tym samym roku założył Fundację Williama T. Granta, która zajęła się wspieraniem badań mogących przyczynić się do rozwoju człowieka i postępu społecznego. Odtąd łączył działalność filantropijną z biznesową.

Do 1940 roku William Thomas Grant posiadał już sklepy w 44 stanach. Nadal stanowiły one konkurencję cenową dla innych centrów handlowych, ponieważ w opinii publicznej utrwaliło się przekonanie, że w popularnych Grantach można kupić dobry produkt za niską cenę. Ich właściciel nie zapomniał o drodze, jaką musiał pokonać, by osiągnąć tak wysoką pozycję w branży handlowej. Od najmłodszych lat z uporem i konsekwencją, a przede wszystkim samodzielnie, zmierzał do obranego celu. Okazało się, że najlepszą szkołą jest praktyka, a życie Granta stało się nieustającą, choć niełatwą nauką w tej szkole. Czas poświęcony na zdobywanie kolejnych doświadczeń, proces poznawania klientów i ich potrzeb, trafne wyciąganie wniosków, rozwój umiejętności zawodowych, a przede wszystkim wymagania stawiane sobie co do nieustannego kształtowania pozytywnych cech osobowości sprawiły, że nigdy nie przestał szanować ludzi odwiedzających jego sklepy, troszczył się o ich zadowolenie z kupowanych produktów i o uczciwość transakcji zawieranych w sklepach W.T. Grant.

KALENDARIUM:

27 czerwca 1876 – narodziny Williama Thomasa Granta w Stevensville, Bratford County w Pensylwanii w USA

1881 – przeprowadzka do Massachusetts

1906 – otwarcie pierwszego sklepu W.T. Grant Co. 25 Cent Store w Lynn, Massachusetts

1917 – sieć W.T. Grant Co. rozrasta się do 30 sklepów

1928 – wejście W.T. Grant Co. na giełdę

1936 – założenie Fundacji Williama T. Granta

1940 – sklepy W.T. Grant istnieją w 44 stanach USA

1966 – odejście z zarządu W.T. Grant i Fundacji Williama T. Granta; nadal pełnieni funkcje honorowe

1972 – sieć W.T. Grant Co. liczy ok. 1200 sklepów w 41 państwach

6 sierpnia 1972 – śmierć Granta w wieku 96 lat w Fall River w hrabstwie Bristol, Massachusetts

1975 – bankructwo spółki W.T. Grant Co.

CIEKAWOSTKI:

- Sytuacja sklepów pogorszyła się po śmierci Williama Thomasa Granta. Zaledwie trzy lata od tego wydarzenia sieć 1200 sklepów, którą z takim uporem i pracowitością tworzył, zbankrutowała. W ciągu kilku lat Granty poddały się ekspansji Sears and Penny's z jednej strony i Wal-Mart & K-Mart z drugiej. Najbardziej oczywistą przyczyną kłopotów była decyzja spółki W.T. Grant o przedłużaniu kredytów dla wszystkich klientów bez próby wykonania oceny zdolności kredytowej klienta. Inicjatywa udzielenia kredytu wszystkim klientom powstała w 1969 roku podczas zamożnego okresu w historii USA, kiedy William Thomas Grant planował ekspansję na nowe obszary kraju. W tym czasie umowy kredytowe wydawały się dobrym pomysłem, ale brak jakiejkolwiek kontroli kredytowej oraz minimalne warunki spłaty oferowane przez spółkę Granta były ryzykowne nawet w tak dobrych gospodarczo czasach. Do końca 1960 roku kilka sklepów trzeba było zamknąć, a w 1974 roku pojawiło się zagrożenie bankructwem. W 1975 roku spółka zbankrutowała. Wówczas było to drugie co do wielkości bankructwo w historii USA.

- William Thomas Grant prywatnie interesował się filozofią i malarstwem. Poza tym, że był prezesem Fundacji Williama T. Granta, jako filantrop działał też na szczeblu lokalnym. Za pracę Fundacji nad rozwojem nauki przyznano mu tytuły doktora *honoris causa* stopnia U. w Bates College w Maine oraz doktora *honoris causa* na Uniwersytecie w Miami.

DANE LICZBOWE:

Kapitał początkowy firmy Granta to 1000 dolarów uzbieranych oszczędności. Ta skromna suma pozwoliła mu stworzyć przedsiębiorstwo, które w 1936 roku osiągnęło 100 mln dolarów rocznej sprzedaży.

CYTATY:

„Największa wartość nie leży w uzyskaniu rzeczy, ale w robieniu ich, czynieniu ich wspólnie, pracując dla osiągnięcia wspólnego celu, w doświadczeniu koleżeństwa, w stuprocentowym poświęcaniu się dla innych".

„Moim głównym marzeniem jest, aby pomagać ludziom i narodom żyć szczęśliwie, spokojnie i dobrze dzięki lepszej wiedzy o tym, jak wykorzystać wszelkie dobro, które świat ma im do zaoferowania".

ŹRÓDŁA I INSPIRACJE:

Blake A. Bell, *The Estate of W. T. Grant in Pelham Manor*, http://historicpelham.blogspot.com/2005/11/estate-of-w-t-grant-in-pelham-manor.html.
Emily Gendrolis, *Notes from the Archives: Grand Departament Store*, https://mainehistory.wordpress.com/tag/w-t-grant-department-store.

http://wtgrantfoundation.org/history.
http://everything.explained.today/W._T._Grant.
https://sites.google.com/site/zayre88/wt-grant.
http://www.rockarch.org/collections/nonrockorgs/
    wtgrant.php.
http://thegrantat250.com/history.php.

David Green

(ur. 1941)

**założyciel Hobby Lobby –
największej na świecie sieci sklepów
z artystycznymi i rzemieślniczymi
artykułami wyposażenia wnętrz**

Historia Davida Greena nie jest opowieścią o wielkich przełomach, spektakularnych sukcesach i biznesowych cudach, których dokonał. To historia systematycznego samokształcenia, ciężkiej pracy, ogromnej determinacji i wiary w ostateczne zwycięstwo. Historia drogi, którą przeszedł od małego, 30-metrowego sklepiku z dwunastoma wzorkami ramek do obrazków do generującego rocznie 2 miliardy dolarów imperium z sześciuset sklepami (w każdym sprzedawanych jest około 100 000 produktów). Drogi, którą podąża konsekwentnie od pół wieku, a gdy stanie na rozdrożu i nie wie, w którą stronę iść, zawsze pyta o to Boga. Najważniejszymi wartościami dla Greena są Bóg i rodzina. Sklepy Hobby Lobby nie pracują w niedziele, a w dni powszednie otwarte są do 20.00. „Chcę, aby moi pracownicy mieli więcej czasu dla swoich najbliższych" – mówi Green. Głęboko wierzący i dający świadectwo swojej wiary uważa, że biznes powinien być oparty na zasadach biblijnych. Swoim życiem i działalnością udowadnia każdego dnia, że nie ma sprzeczności między prowadzeniem ogromnej firmy i kierowaniem się przy tym Słowem Bożym.

David Green urodził się w rodzinie protestanckiego pastora Waltera Greena, który wraz z żoną Marie i piątką dzieci przenosił się z powodu swoich obowiązków duszpasterskich od miasta do miasta. Zmieniający często szkoły David nie radził sobie dobrze w nauce. Powtarzał nawet siódmą klasę. Miał kiepskie oceny, gdyż bał się stanąć przed klasą i odpowiadać na pytania nauczyciela. Zawsze był outsiderem, m.in. z powodu swojej nieśmiałości. Jak sam wspomina, czuł się gorszy od kolegów. Nosił stare, zniszczone ubrania, które rodzina Greenów dostawała od wiernych albo od dalekiego kuzynostwa. Na drugie śniadanie musiał zarabiać, zmywając naczynia w restauracji. Wszystkie dzieci Greenów od najmłodszych lat pracowały. David z rodzeństwem zbierał bawełnę na okolicznych polach. Pracował jako pomocnik mechanika.

Gdy miał 17 lat, w szkołach Altus wprowadzono projekt „rozdzielczej edukacji". Uczniowie mogli cześć dnia poświęcić na naukę, a cześć na pracę u lokalnych przedsiębiorców. David przed 11.00 kończył lekcje i szedł pracować w sklepie McClellans (odpowiednik naszych sklepów 1001 drobiazgów albo Wszystko za 5 zł). Jako uczeń spędzał w pracy 50 godzin tygodniowo! Zarabiał 60 centów na godzinę, a za uskładane pieniądze kupował do domu meble i naczynia, a nawet lodówkę. Mimo że łączył pracę z nauką, udało mu się skończyć liceum w Altus w stanie Oklahoma. Do college'u jednak nie poszedł, gdyż wtedy już znalazł swoje powołanie: pracę w handlu detalicznym. W McClellan's poznał swojego mentora, kierownika sklepu, pana Tylera. David z wypiekami na twarzy słuchał opowieści i wskazówek swojego nauczyciela. Szybko poznawał tajniki sprzedaży detalicznej. Był wręcz zafascynowany procesem sprzedaży – tym, że można coś kupić np. za 10 centów, a odsprzedać za 20, używając odpowiednich technik. Chciał się ich nauczyć. Był bardzo dobrym obserwatorem i jego uwadze nie umknął fakt, że wiele w sprzedaży zależy od tego, w jaki sposób zaprezentuje się towar klientowi. Od pana Tylera dowiedział się, że odpowiednio wystawiając produkty, można potroić wartość sprzedaży, a szczególnie ważne jest umiejętne dekorowanie okien wystawowych. „Wystawa była dla mnie jak czyste płótno obrazu, gdzie wszystko jest możliwe" – pisze Green w swojej książce *More Than A Hobby. How a 600$ startup became America's arts and crafts superstore*. David uwielbiał dekorować wystawy. W końcu znalazł dziedzinę, w której był dobry, choć nie obyło się bez wpadek – pewnego razu zrobił piękną wystawę słodyczy i czekolad. Nie pomyślał tylko, co się stanie, gdy w okno zaświeci słońce… Podczas pracy w McClellan's dowiedział się też, że nie ma zajęć, których robienie jest poniżej jego godności. Gdy pewnego razu z obrzydzeniem mył muszlę toaletową, podszedł do niego pan Tyler, wziął od niego ścierkę i samodzielnie wyczyścił muszlę, pokazując mu, jak to należy robić. Innym razem David zauważył kierownika chodzącego za klientami i dyskretnie zbierającego niedopałki papierosów rzucane na podłogę. Kolejna nauka brzmiała: w sklepie musi być czysto! David już wiedział, czego chce – być kierownikiem sklepu!

Był bardzo ambitnym młodzieńcem, dlatego jego wybór padł na najszybciej rozwijającą się sieć sklepów: TG&Y. Miała ona 1000 marketów i każdego roku otwierała około 70 nowych placówek. W wieku 17 lat rozpoczął tam pełnoetatową pracę. Wszystko wskazuje na to, że postępował zgodnie z boskim planem, ponieważ w nowej pracy poznał… swoją przyszłą żonę Barbarę! Miała wtedy 15 lat i pracowała na stoisku ze słodyczami. Młodzi zakochali się i dwa lata później pobrali. W kolejnym roku David został jednym z najmłodszych kierowników sklepów TG&Y. „To była dla mnie ogromna szansa. Chciałem pokazać, na co mnie stać!" – wspomina. W kierowanym przez siebie sklepie Green, jak nigdzie indziej w sieci TG&Y, rozbudował dział ze zwierzętami domowymi: rybkami, chomikami, ptakami. Innowacja wprowadzona przez Greena polegała na tym, że zwierzęta były sprzedawane po bardzo niskich cenach, niższych niż u konkurencji, a czasem nawet niższych od ceny zakupu. Taki zabieg opłacał się, ponieważ jeśli ktoś kupił rybki lub chomika, musiał też kupić cały potrzebny sprzęt: akwarium, klatkę itp. W ten sposób zyski sklepu rosły. Ten drobny sukces natchnął Greena.

Oboje z Barbarą zakochani byli w wyrobach artystycznych i rzemieślniczych, których akurat w TG&Y nie było. Postanowili otworzyć produkcję i własny sklep. Był tylko jeden problem – nie mieli oszczędności. David zarabiał 400 dolarów miesięcznie. Wszystko pochłaniały potrzeby 5-osobowej rodziny, bowiem na świecie byli już synowie: Martin i Steven, a rodzina powiększyła się tez o adoptowaną dziewczynkę Darsee. Był rok 1970. David z kolegą z pracy wzięli pożyczkę z banku – 600 dolarów. Za 450 dolarów kupili maszynę do obróbki drewna, a za 150 dolarów listwy. Postanowili produkować i sprzedawać ramki do małych obrazków ze zdjęciami, malunkami albo inspirującymi sentencjami, które Amerykanie lubili wieszać na ścianach. Greenowie otrzymali pierwsze zamówienie na 3500 dolarów od lokalnego sprzedawcy, ale nie mieli niestety pieniędzy na zakup materiału. Pożyczyli więc znowu pieniądze, tym razem od zaprzyjaźnionego przedsiębiorcy. Przypominało to jednak błędne koło – pożyczali pieniądze na materiał, sprzedawali ramki i znowu pożyczali pieniądze. Wspólnik poddał się i sprzedał udziały Davidowi. Green nie ustępował. „Wtedy nie chodziło nam o sukces materialny czy o zdobycie bogactwa. Traktowałem to jak zawody sportowe, w których muszę zwyciężyć" – mówił.

W końcu, po dwóch latach zmagań odłożyli nieco pieniędzy, aby w 1972 roku otworzyć swój pierwszy sklep. Miał on zaledwie 56 metrów kwadratowych, z czego połowę stanowił warsztat. Warunki były bardziej niż skromne, jednak dla nich najważniejsze było, że zrobili krok naprzód. Wtedy z pomocą przyszli... hipisi! Greenowie handlowali m.in. koralikami do produkcji bransoletek i naszyjników. Upodobali je sobie właśnie hipisi, którzy zaczęli masowo odwiedzać ich sklep. Sprzedaż biżuterii pozwoliła im wznieść biznes na wyższy poziom, dzięki czemu David mógł w końcu odejść z TG&Y, bo mimo prowadzenia swojego biznesu, cały czas był tam kierownikiem. W pracy spędzał 60-70 godzin tygodniowo, a wieczorami i nocami pomagał Barbarze przy produkcji i w sklepie. Jak wspomina, żona była dla niego wtedy wielkim oparciem i pomocą. Mimo obowiązków domowych wzięła na siebie cały ciężar ich biznesu. W produkcję zaangażowani byli też synowie, którzy dostawali 7 centów za sklejenie ramki. W 1975 roku Greenowie otworzyli drugi sklep, znacznie większy, o powierzchni 550 metrów kwadratowych. Strzałem w dziesiątkę okazało się stworzenie tam działu bożonarodzeniowego z dekoracjami i upominkami. Na nim zarobili w pierwsze święta 2000 dolarów. Za pieniądze te kupili od lokalnej firmy trzy przyczepy gotowych ramek i dzięki ogłoszeniom w lokalnej prasie zorganizowali wyprzedaż na trawniku przed sklepem.

W tym czasie David, który cały czas uczył się, podpatrywał innych i poszukiwał nowych rozwiązań dla swojego biznesu, wpadł na pomysł, aby pozyskiwać drewno z likwidowanych ogrodzeń na okolicznych farmach. Firmy budowlane stawiające nowe ogrodzenia na farmach musiały płacić za utylizację starych. Dlatego bardzo chętnie oddawały to drewno Greenom. Nie dość, że materiał był za darmo, to jeszcze miał bardzo interesujący wygląd i znakomicie się sprzedawał. Do dziś jest to jeden z bestsellerów Hobby Lobby. Przełom lat 70. i 80. to czas rozkwitu firmy. David i Barbara otworzyli kolejne placówki. W 1984 roku mieli ich 12, wszystkie w stanie Oklahoma. Niewielka, ale bardzo dobrze zorganizowana i konkurencyjna sieć przynosiła już spore zyski. W 1985 roku przyszło jednak załamanie rynku spowodowane gigantycznym wzrostem cen ropy naftowej. Green w swoich sklepach handlował luksusowymi towarami, takimi jak: drogie upominki, kosmetyki, galanteria skórzana, walizki. Poniósł wtedy ogromne, blisko milionowe straty.

Głęboko wierzący David doszedł do wniosku, że Bóg wystawia go w ten sposób na próbę. Uznał, że w czasach prosperity stał się zbyt dumny i Bóg postanowił mu przypomnieć o zasadach, którymi powinien kierować się w życiu i w biznesie. „Zrozumiałem, że Bóg mówi do mnie: I co, David, jak dasz sobie teraz radę?" – wspomina Green. Wtedy postanowił wrócić do korzeni, czyli wyrobów artystycznych i rzemieślniczych. Greenowie bardzo ciężko pracowali, aby wyjść z długów. Walczyli o przetrwanie z miesiąca na miesiąc. I dopięli swego! W 1987 roku odnotowali największe w historii zyski, które przyszły po najsłabszym roku. W 1992 roku mieli 50 sklepów, a trzy lata później świętowali uruchomienie setnej placówki. Tylko czterech kolejnych lat potrzebowali, by podwoić tę liczbę. Teraz sieć liczy 600 sklepów, a co dwa tygodnie otwierany jest nowy! Oprócz sieci Hobby Lobby David Green posiada fabrykę luksusowych mebli Hemispheres, fabrykę drewnianych wyrobów wyposażenia wnętrz Worldwood, firmę dystrybucyjną Crafts, Etc!, firmę Basket Market zajmującą się sprzedażą kwiatów i artykułów kwiaciarskich, a także firmę Greco produkującą ramy do obrazów. Centrala grupy Hobby Lobby mieści się w Oklahomie i zajmuje 320 000 metrów kwadratowych. Znajdują się tam biura, magazyny i fabryki. Green zatrudnia około 23 000 pracowników.

Prowadząc firmę, David zadaje sobie często pytania: Czego ode mnie chciałby Bóg? Z jakiej decyzji będzie zadowolony? Green dużo się modli i w modlitwie odnajduje wewnętrzną równowagę i drogę, jaką ma podążać. W swojej pracy koncentruje się na ludziach. Pracownikom stwarza jak najlepsze warunki do wykonywania swoich obowiązków, a klientom oferuje jak najlepsze towary w jak najlepszych cenach – oferuje, jak to określa, „niezapomniane doświadczenie zakupowe", by wchodząc do sklepu, klient miał wrażenie niepowtarzalności i wyjątkowości tego miejsca. Jeśli chodzi o pracowników, to Green zatrudnia ludzi, którzy są zorientowani prorodzinnie. Świetnie ich wynagradza. Podstawowa płaca w Hobby Lobby jest dwukrotnie wyższa od minimalnego wynagrodzenia w Stanach Zjednoczonych. Green dba także o rozwój osobisty i duchowy swoich pracowników. Opłaca dla nich kursy rozwoju osobistego w różnych dziedzinach, np. zarządzania swoimi pieniędzmi, budowania dobrych relacji z innymi, osiągania szczęścia i spełnienia. Zatrudnia u siebie sześciu pełnoetatowych kapelanów, którzy odwiedzają sklepy Hobby Lobby z posługą duchową dla pracowników.

David Green ukończył tylko liceum. Wydawać by się mogło, że to stanowczo za mało, aby zarządzać tak wielką firmą. Jemu przychodzi to z łatwością, gdyż: „jeśli zaufa się Bogu, to wszystko staje się proste". Green jest genialnym samoukiem, który dzięki cechom swojego charakteru: pokorze, konsekwencji i pracowitości, stał się symbolem wielkiego sukcesu. Co ważne, sukces ten ma nie tylko wymiar biznesowy, ale i rodzinny. To rodzina pomaga mu przezwyciężyć trudności, jakie napotyka w życiu, a wiara w Boga jest fundamentem jego decyzji. „Nie mam uniwersalnej porady, jak odnieść sukces – każdy musi znaleźć swoją drogę. Trzeba po prostu próbować i usłyszeć to, co Bóg chce nam powiedzieć" – mówi Green. Jego dzieci usłyszały zapewne, że powinny iść tą samą drogą, co rodzice, ponieważ wszystkie pracują w „chrześcijańskiej firmie", jak o Hobby Lobby mówią Amerykanie.

KALENDARIUM:

13 listopada 1941 – narodziny Davida Greena w Emporii w stanie Kansas

1957 – pierwsza praca w sklepie McClellans w Altus jako pracownik fizyczny

1958 – praca w sklepie sieci TG&Y; tam poznaje swoją przyszłą żonę Barbarę

1960 – David i Barbara pobierają się, on ma 19 lat, a ona 17; z ich związku rodzi się dwóch synów: Martin i Steve, a do tego adoptują dziewczynkę Darsee

1962 – Green zostaje kierownikiem sklepu TG&Y
w Shawnee
1970 – wraz z kolegą z TG&Y Larrym Pico Green
bierze 600 dolarów pożyczki na uruchomienie produkcji ręcznie robionych ramek do
obrazków
1972 – wraz z żoną Davida otwierają pierwszy sklep
Hobby Lobby o powierzchni 55 m^2; sprzedaż idzie marnie, na produkcję wciąż brakuje pieniędzy, więc Larry Pico wycofuje się
z biznesu, zaś Barbara i David walczą o przetrwanie na rynku; udaje im się!
1975 – Greenowie otwierają drugi sklep i sprzedają
w nim m.in. biżuterię z koralików, którą bardzo chętni kupują hipisi; dzięki tej sprzedaży
biznes zaczyna rosnąć
1984 – Green ma już 12 sklepów; wprowadza do
nich także luksusowe towary
1985 – przychodzi kryzys w amerykańskiej gospo-
darce spowodowany wzrostem cen ropy;
Green traci prawie milion dolarów i znowu
musi walczyć o przetrwanie
1987 – Hobby Lobby bardzo mądrze i rozważnie

prowadzone odnotowuje najlepszy rok w sprzedaży

1995 – Greenowie świętują otwarcie setnej placówki

2008 – Green przekazuje 70 milionów dolarów na ratowanie zadłużonej uczelni chrześcijańskiej Robert Oral University w Dallas

2009 – Hobby Lobby mająca ponad 400 sklepów przynosi zysk w wysokości 2 mld dolarów rocznie. Od tego roku firma nie zaciąga żadnych kredytów w bankach

2014 – Green wygrywa proces przed Sądem Najwyższym USA przeciwko rządowi amerykańskiemu

2016 – Green ma 75 lat i mieszka z rodziną w Oklahoma City

CIEKAWOSTKI:

- Green bardzo ostrożnie podchodzi do nowinek technologicznych. W jego sklepach nie używa się kodów kreskowych. Pracownicy

wszystkich sklepów co tydzień robią „ręcznie"
remanent i na tej podstawie domawiają towary. Sam Green nie używa komputera. Nigdy
nie miał telefonu komórkowego.

- Pierwszą zasadą w sklepach Hobby Lobby jest
  utrzymanie porządku. Według Greena porządek ułatwia pracę i robi świetne wrażenie na
  klientach. W pierwszym sklepie, gdzie się zatrudnił, przez miesiąc sprzątał piwnice! Obecnie w każdą sobotę po południu robi porządki
  w swojej posiadłości. „Gdy sprzątnę sterty liści i zobaczę, jak spod nich wyłania się zielona
  trawa albo ścieżka spacerowa, uśmiech pojawia się na mojej twarzy" – mówi.

- Jako nastolatek Green wyznaczył sobie trzy
  cele do realizacji: pierwszy to szczęśliwe małżeństwo, drugi to wychowanie w zdrowiu
  dzieci, tak by żyły zgodnie z przykazaniami
  Boga, a trzeci to sukces w biznesie. Po kilkudziesięciu latach i realizacji trzech pierwszych dołożył czwarty: użyć wszystkich swoich możliwości, aby głosić słowo Boże i dać

świadectwo Chrystusa jak największej liczbie ludzi.

- David Green wygrał w 2014 roku sprawę przed Sądem Najwyższym USA przeciwko rządowi Stanów Zjednoczonych. Nie chcąc przyczyniać się do zabijania nienarodzonych dzieci, odmówił wprowadzenia w Hobby Lobby jednej z wytycznych reformy systemu zdrowotnego wdrożonego przez administrację prezydenta Baracka Obamy. Zgodnie z nią amerykańskie firmy miałyby finansować tabletki wczesnoporonne dla swoich pracownic.
- Rodzina Greenów znana jest z prowadzenia działalności charytatywnej. Najbardziej spektakularnym przedsięwzięciem było uratowanie zadłużonej artystycznej uczelni chrześcijańskiej w Dallas –Robert Oral University. Green podarował Uniwersytetowi 70 milionów dolarów. Obecnie w radzie uczelni zasiada jeden z synów Greena, a uniwersytet powoli wychodzi z długów.

CYTATY:

„Banki dają Ci parasol, gdy świeci słońce, a zabierają, gdy pada deszcz" (o działalności kredytowej banków).

„Obecnie mamy liderów po znakomitych uczelniach, ale niezwracających uwagi na fundamentalne wartości. Musimy zrozumieć, że bez trzymania się zasad Bożych niczego dobrego nie zrobimy. W słowie Bożym jest wszystko, co potrzebne do prowadzenia biznesu".

„Aby osiągnąć sukces w handlu, trzeba to kochać".

„Bóg nie jest przeciwny biznesowi. On dobrze rozumie pojęcia takie, jak: arkusze kalkulacyjne, marże, konkurencja i zyski".

ŹRÓDŁA I INSPIRACJE:

Meet David Green: Hobby Lobby's Biblical Billionaire,

„Forbes", http://www.forbes.com/sites/briansolo-mon/2012/09/18/david-green-the-biblical-
-billionaire-backing-the-evangelical-move-ment/#574028ac3462 .

Wywiad radiowy z Davidem Greenem w Radio Oklahoma: http://www.voicesofoklahoma.com/interview/green-david/ .

More Than a Hobby: How a $600 Startup Became America's Home and Craft Superstore, Nelson Bussines, 2010.

Joyce Clyde Hall

(1891-1982)

**amerykański biznesmen, założyciel
największej na świecie firmy zajmującej się
produkcją i sprzedażą okolicznościowych
kartek pocztowych Hallmark Cards**

Mimo biedy, w jakiej się wychował, i braku formalnego wykształcenia Hall stworzył jedną z największych w swojej branży firm na świecie. Źródło swojego sukcesu upatrywał w ogromie pracy, jaką wykonał przez całe życie. Zaczął pracować w wieku dziewięciu lat, bo musiał pomagać mamie samotnie wychowującej jego i dwóch braci. Od tego czasu aż do śmierci w 1982 roku nie przeżył dnia bez zajęcia! „Nie byłem tak mądry i sprytny jak ludzie, których spotkałem, dlatego musiałem pracować dwa razy ciężej niż oni” – mówił. Tytan pracy. Wymagający dla swoich współpracowników i podwładnych, a jednocześnie wyrozumiały i troskliwy. Od samego siebie oczekiwał doskonałości. Takie też musiały być jego produkty. Był skoncentrowany na jakości, która była dla niego najważniejsza. Pewnie dlatego przez ponad pół wieku osobiście zatwierdzał tysiące projektów kartek, które wypuściła firma Hallmark Cards.

Joyce Clyde Hall urodził się w ubogiej rodzinie w niewielkim mieście David City w Nebrasce. Jego ojciec był duchownym Kościoła metodystycznego. Gdy Joyce miał 7 lat, ojciec porzucił rodzinę. Od tej pory matka sama musiała utrzymywać trzech synów: Joyce'a, Rolliego i Williama (dwóch starszych braci Joyce'a). Chłopcy od najmłodszych lat pracowali, a zarobione pieniądze oddawali mamie, by zrobiła najpotrzebniejsze zakupy. Żyli bardziej niż skromnie. Joyce jako 8-latek sprzedawał perfumy, chodząc po domach. Kilka lat później pomagał braciom jako ekspedient w małej księgarni, którą prowadzili w Norfolk. Mimo wysiłku chłopców w domu cały czas brakowało pieniędzy. Bracia zdecydowali się wówczas na uruchomienie swojego biznesu. Za wspólnie odłożone 500 dolarów kupili kartki pocztowe, które sprzedawali w punktach handlowych i usługowych. Tak powstała ich pierwsza firma Norfolk Post Card Company. Joyce miał wtedy 16 lat.

Niestety, rynek w Norfolk był bardzo ograniczony i po niespełna dwóch latach okazało się, że młodzi biznesmeni nie są w stanie zarabiać na swoim pomyśle, ponieważ nie było już chętnych na zakup kartek. Dwaj starsi bracia poddali się i rzucili biznes, lecz najmłodszy nie. Joyce czuł, że pomysł jest dobry i powinien w końcu wypalić. Jako ograniczenie w rozwoju widział rynek odbiorców. Dlatego postanowił w 1910 roku opuścić Norfolk i spróbować szczęścia w dużo większym ośrodku – Kansas City. Ku rozpaczy matki rzucił szkołę, spakował cały swój dobytek do torby podróżnej, wypełnił dwa kartony po butach niesprzedanymi kartkami pocztowymi i ruszył na podbój świata! Po dotarciu do Kansas City 18-letni przedsiębiorca nie miał nawet pieniędzy, aby dostać się powozem do wynajętego wcześniej pokoiku, który miał mu służyć za biuro, magazyn i sypialnię. Wykazał się przy tym odwagą i pozytywnym podejściem do życia charakterystycznym dla młodych ludzi, którzy wierzą, że świat do nich należy. Wiara i determinacja musiały mu wystarczyć na start. Bez znajomości, poleceń mógł liczyć tylko na siebie. Trudno sobie wyobrazić, jak się czuł. Może jak pionier? Nikt przed nim nie traktował bowiem poważnie sprzedaży kartek pocztowych i kart z życzeniami okolicznościowymi. On jako pierwszy zauważył w tym potencjał i postanowił go wykorzystać.

Pierwsze tygodnie w Kansas Joyce spędził, chodząc od sklepu do sklepu, od apteki do apteki, od drogerii do drogerii i proponując właścicielom sprzedaż dostarczanych przez niego kartek. Dzięki swojej pracowitości oraz uporowi szybko stał się znaną osobą w środowisku sklepikarzy, a jego biznes powoli, lecz systematycznie rozwijał się. Był tak zdeterminowany, by odnieść sukces, że zdecydował się na wysyłkę kartek pocztowych wraz z fakturami na adresy sklepów, które nawet nie zamawiały od niego kartek. Znajdował je w spisie przedsiębiorców i w ciemno wysyłał towar, a potem z niecierpliwością czekał na efekt tego nietypowego posunięcia. Jak łatwo się domyśleć, część sklepikarzy odsyłała mu nierozpakowane paczki z kartkami, których nie zamawiała, część sprzedała towar Joyce'a, nie rozliczając się z nim, natomiast część… przesłała czeki za sprzedane kartki! Joyce uskrzydlony tymi drobnymi sukcesami postanowił działać na większą skalę i rozbudować biznes. Zaczął podróżować pociągami środkowowschodniej magistrali kolejowej, rozwożąc swoje kartki po miastach leżących przy trasie.

Ta mozolna praca przynosiła powoli efekty. Firma rozwinęła się na tyle, że Joyce nie był w stanie sam obsłużyć wszystkich punktów, z którymi współpracował. Jako człowiek rodzinny pomyślał wtedy o swoich braciach, których chciał ściągnąć do Kansas. Na razie udało mu się namówić jednego z nich – Rolliego. Wspólnie otworzyli sklep w centrum Kansas City, w którym obok kartek pocztowych sprzedawali drobne upominki, książki oraz materiały biurowe. Pod koniec 1915 roku, czyli po pięciu latach od przyjazdu Joyce'a do Kansas City, w ich sklepie wybuchł pożar, który strawił cały towar. To tragiczne wydarzenie nie załamało jednak braci, którzy natychmiast zaciągnęli pożyczkę w banku i zainwestowali w urządzenia do grawerowania i drukowania. To był fundament, jaki położyli pod swoje wielkie imperium, które niebawem mieli zacząć budować – największą na świecie firmę zajmującą się produkcją i sprzedażą kartek okolicznościowych. Joyce Hall odchodził powoli od sprzedaży kartek pochodzących od zewnętrznych producentów na rzecz swoich własnych wyrobów. Jak opowiada w swojej biografii zatytułowanej *When you care enough*, przez ponad pół wieku wszystkie kartki, jakie u nich powstawały, „przechodziły" przez niego. On sam uczestniczył w ich projektowaniu albo brał udział w procesie akceptacji produktu. A trzeba wiedzieć, że firma miała w swojej ofercie tysiące wzorów!

Joyce szybko zrozumiał, że aby rozwinąć swój biznes do naprawdę potężnych rozmiarów, musi zmienić mentalność swoich klientów, którzy przyzwyczajeni byli do wysyłania kartek z trzech okazji: Bożego Narodzenia, Walentynek oraz urodzin. Do sukcesu potrzebował większej liczby okazji, przy których klienci mogliby zakomunikować swój nastrój. I znalazł te powody! Wkrótce sklepy wypełniły kartki braci Hall z dedykacjami na wszelkie okazje. Przy ich pomocy Amerykanie mogli wyrazić każde uczucie przy każdej nadarzającej się okazji. Publikował sentencje znanych osobistości świata polityki, nauki i kultury. Do tworzenia tekstów oraz grafik wynajął największe autorytety jego czasów: pisarzy, poetów, grafików i malarzy. Kartki braci Hall stały się dziełami sztuki.

Dzięki mądrym posunięciom, ciągłej nauce i obserwacji rynku oraz poszukiwaniu nowych rozwiązań firma kwitła. Znowu brakowało rąk do pracy. Jedną parę rąk dwaj bracia znaleźli w Norfolk. W 1921 roku dołączył do nich trzeci brat, William, który do tej pory prowadził swoją księgarnię. W ten sposób w 1923 roku powstała firma rodzinna Hall Brothers Inc. Ważnym elementem sukcesu braci Hall był fakt, że byli pionierami na rynku kart okolicznościowych i szybko potrafili go zdominować, m.in. dzięki genialnym posunięciom marketingowym Joyce'a. Jego pomysłowość była nieograniczona! To on wymyślił zmianę nazwy firmy na Hallmark Cards. Słowo *hallmark* w branży złotniczej i jubilerskiej oznacza „znak jakości". Na dodatek zawierało w sobie nazwisko Hall. Joyce zakochał się w nim od razu, a w tej sytuacji mógł podjąć tylko jedną decyzję: firma zmieniła nazwę na Hallmark Cards. Mimo że byli liderami w branży, Joyce ciągle zaskakiwał innowacjami wszystkich, zarówno współpracowników, jak i klientów. Często pomysły te wprowadzał na przekór swojemu otoczeniu.

Tak było na przykład z marketingiem i reklamą produktów Hallmark. Wszyscy uważali wtedy, że wydawanie pieniędzy na reklamę w mediach nie ma sensu. Joyce był innego zdania. Sam napisał tekst reklamowy dla swoich kartek i w 1928 roku zamieścił go w ukazującym się na terenie całej Ameryki czasopiśmie dla pań „Ladies Home Journal". Była to pierwsza, ogólnonarodowa reklama firmy z tej branży! Po sukcesie kampanii reklamowej Joyce poszedł za ciosem i zwrócił się ku nowym mediom, jakimi w owym czasie były radio i, nieco później, telewizja. We współpracy z NBC powstała słynna, telewizyjna seria widowisk teatralnych „Hallmark Hall of Fame", która przyniosła firmie ogromną popularność, jednocześnie wprowadzając wartość edukacyjną do amerykańskiej telewizji, za co wielokrotnie ją nagradzano, m.in. statuetkami Emmy Award – nagrodą dla najlepszych produkcji telewizyjnych.

Joyce Clyde Hall stał na czele Hallmark Cards przez 56 lat. W 1966 roku odszedł na emeryturę, choć nie w pełni. Jak mawiał, od dziewiątego roku życia nie było dnia, w którym by nie pracował! Dlatego całkowita rezygnacja z pracy oznaczałaby dla niego tragedię. Nadal doradzał przy podejmowaniu kluczowych decyzji w firmie i poświęcił się swojemu nowemu projektowi – odbudowaniu i przywróceniu świetności centrum

Kansas City, które od czasów zakończenia II wojny światowej podupadało. Związany z miastem od 1910 roku Joyce nie mógł patrzeć, jak chyli się ku upadkowi miejsce, w którym spędził prawie całe życie i które pokochał. W ten sposób powstało Crown Center, nowoczesna dzielnica mieszkaniowa z biurowcami, centrami handlowymi i rozrywkowymi. Dzięki temu przedsięwzięciu miasto odżyło, bo dostało zastrzyk nowej energii, która wyciągnęła z marazmu mieszkańców, a jednocześnie przyciągnęła inwestorów.

Prywatnie od 1921 roku Joyce był żonaty z Elizabeth Dildey. Mieli trójkę dzieci: syna Donalda, który jest obecnie (2016) u steru Hallmark Cards, oraz dwie córki: Elizabeth i Barbarę. Wspólny majątek małżonków był głównym źródłem finansowania powołanej do życia w 1943 roku fundacji Hall Family Fundation, która zajmuje się projektami mającymi na celu poprawę warunków życia mieszkańców Kansas City i integrację lokalnej społeczności. Na ten cel małżeństwo Hall przekazało około 100 milionów dolarów z prywatnego majątku. Warto w tym momencie wspomnieć o tym, że Joyce zawsze dbał o swoich pracowników. W 1955 roku uruchomił w Hallmark Career Rewards Program, dzięki któremu zatrudnieni u niego ludzie mogli otrzymać udziały w zyskach firmy. Czasopismo „Fortune" nazwało te inicjatywę „najbardziej korzystnym planem dzielenia zysków dla pracowników, jaki zaproponowała jakakolwiek firma w USA w tamtym okresie".

Choć stał się bogatym człowiekiem, zdobycie majątku nigdy nie było jego celem. Pisał w swojej biografii: „Jeśli człowiek zakłada biznes tylko w celu zarobienia wielkich pieniędzy, są spore szanse na to, że nie zdobędzie ich. Jeśli natomiast wkłada w swój produkt całe serce, to pieniądze same się pojawią". Tak właśnie było w przypadku Joyce'a Halla. Dzięki swojej odwadze, pracowitości i pomysłowości oraz sercu wkładanemu w tworzenie kartek pocztowych odmienił nie tylko swój los, ale zmienił na lepsze życie Amerykanów, którzy od kilkudziesięciu lat znajdują w swoich skrzynkach kartki od rodziny, przyjaciół i znajomych, dzięki czemu wiedzą, że są dla kogoś ważni i że gdzieś jest ktoś, kto o nich myśli, kocha i tęskni…

Joyce C. Hall zmarł w Kansas City 29 października 1982 roku w wieku 91 lat.

KALENDARIUM:

29 sierpnia 1891 – narodziny Joyce Clyde Halla

1898 – ojciec Joyce'a porzuca rodzinę i od tego czasu matka samotnie wychowuje trzech synów

1899 – pierwsza praca Joyce'a przy sprzedaży perfum; chłopiec chodził od domu do domu i proponował zakup kosmetyków

1907 – bracia Hall zakładają swoją pierwszą firmę Norfolk Post Card Company, która zajmuje się sprzedażą kartek pocztowych; biznes upada z powodu zbyt małego rynku zbytu

1910 – osiemnastoletni Joyce rzuca szkołę i wyjeżdża do Kansas City, aby tam rozkręcić biznes sprzedaży kartek pocztowych; zabiera cały swój dobytek i zapakowane w 2 kartony po butach kartki pocztowe

1911 – Joyce ściąga do Kansas City swojego brata Rolliego, ponieważ potrzebuje pomocy w dobrze rozwijającej się firmie

1915 – pożar w sklepie i magazynie braci Hall niszczy wszystko; bracia nie załamują się, lecz pożyczają pieniądze w banku i odbudowują firmę; zaczynają projektować własne kartki (do tej pory handlowali kupowanymi u producentów)

1916 – pierwsza kartka braci Hall na rynku!; był na niej napis: „Chciałbym być dla Ciebie takim przyjacielem, jakim Ty jesteś dla mnie"

1920 – do firmy dołącza trzeci brat William; firma rozwija się dynamicznie, handluje w 46 stanach

1921 – Joyce żeni się z Elizabeth Dildey; ma z nią z czasem trójkę dzieci: Donalda, Elizabeth i Barbarę

1923 – powstaje firma rodzinna Hall Brothers Inc.

1928 – na pocztówkach pojawia się po raz pierwszy nazwa Hallmark; to będzie nazwa firmy, która utrwali się w głowach klientów na kolejne dziesięciolecia

1931 – Hallmark Cards rusza na podbój świata!;
obecnie pocztówki z logo Hallmark można
kupić na pięciu kontynentach, wydawane są
w 30 językach

1943 – małżonkowie Hall zakładają Hall Family
Fundation, która zajmuje się pozyskiwa-
niem środków na pomoc dla najuboższych
mieszkańców Kansas City; fundacja pomaga też w budowie nowego centrum miasta – Crown Centre; Hallowie przekazali na
ten cel około 100 milionów dolarów

1951 – rusza „Hallmark Hall of Fame” produkcja telewizyjna, która w ciągu 55 lat wyemitowała
kilkadziesiąt spektakli telewizyjnych; otrzymała za swoją działalność statuetkę Emmy
Award – nagrodę amerykańskiego przemy-
słu telewizyjnego

1966 – Joyce Clyde Hall odchodzi na emeryturę,
poświęcając się przede wszystkim działalności dobroczynnej

29 października 1982 – w wieku 91 lat Joyce Clyde
Hall umiera w Kansas City

* Pierwsza kartka wyprodukowana samodzielnie przez Joyce'a ukazała się w 1916 roku. Widniała na niej sentencja: „Chciałbym być dla Ciebie takim przyjacielem, jakim Ty jesteś dla mnie". Obecnie Hallmark Cards sprzedaje około dziesięciu milionów kartek rocznie na całym świecie. Firma jest obecna w stu krajach, sprzedając kartki w 30 językach.

* Joyce jako pierwszy w branży zaczął wydawać poważne pieniądze na reklamę. Kupował powierzchnie reklamowe w ogólnokrajowych magazynach dla pań oraz czas reklamowy przed audycjami radiowymi o największej słuchalności. Podpisał umowę o współpracy z Walt Disney Company. Dzięki temu na kartkach Hallmark mogli pojawić się bohaterowie z kreskówek Disneya. Joyce był w 1951 roku sponsorem emitowanej na żywo w telewizji NBC opery dla dzieci *Amahl and the Night visitor*. Ta produkcja była wstępem do trwającej ponad 55 lat słynnej telewizyjnej serii

„Hallmark Hall of Fame", w której emitowano przedstawienia największych pisarzy i dramaturgów, takich jak Szekspir czy Dickens, i która otrzymała wiele branżowych nagród za propagowanie światowej literatury, m.in. nagrodę Emmy. Emmy Award jest jedną z czterech najważniejszych nagród kulturalnych w USA obok: Oscara (film), Tony Award (teatr), Grammy Award (muzyka).

- W swojej biografii *When you care enough* Hall wspomina rok 1917 tuż przed Świętami Bożego Narodzenia, gdy w sklepie z powodu ogromnego ruchu zabrakło papieru do pakowania upominków. Wtedy Joyce wpadł na pomysł, aby samodzielnie produkować fantazyjne, papierowe opakowania. Nowy papier w przeróżnych wzorach, zaprojektowanych naprędce przez Joyce'a tak się spodobał klientom, że bracia szybko włączyli go do swojej oferty.

- Joyce Hall jako pierwszy sprzedawca kartek okolicznościowych prezentował je w punktach sprzedaży na specjalnych stojakach. Każdy klient mógł dokładnie obejrzeć i wybrać kartki przed zakupem. Firma opatentowała ten wynalazek nazwany Eye-Vision w latach 30. Wcześniej kartki były zawsze przechowywane przez sklepikarzy w szufladach pod ladami i tylko na wyraźną prośbę klienta były mu prezentowane. Ten prosty wydawałoby się trik marketingowy zwiększył znacznie sprzedaż kartek w sklepach współpracujących z firmą Hallmark Cards. Oczywiście inni sprzedawcy „ściągnęli" ten pomysł od Halla i teraz nie wyobrażamy sobie innej formy ekspozycji kartek w punktach sprzedaży.

CYTATY:

„Tworzenie produktów najwyższej jakości, których potrzebują ludzie, jest największą motywacją do odniesienia sukcesu. O wiele większą niż zarobienie ogromnych pieniędzy".

„Nie lubię siedzieć i czekać, aż coś się wydarzy.

O wiele zabawniej jest działać i sprawiać, by coś się stało".

„Wiem, że Bóg zadba o nas, ale nic nie stoi na przeszkodzie, aby troszkę mu pomóc".

„W ciężkich czasach jako młody chłopak robiłem wszystko, aby przeżyć. Wtedy, gdy nie pracowałem, nie jadłem. A ja bardzo lubiłem jeść".

„Gdy rozpoczynaliśmy biznes, nie myśleliśmy o tym, ile pieniędzy zarobimy, ale o tym, jak dobrą pracę jesteśmy w stanie wykonać".

ŹRÓDŁA I INSPIRACJE:

Sylwetka Joyce'a Clyde'a Halla na oficjalnej stronie internetowej Hallmark Cards: http://corporate.hallmark.com/Company/JC-Hall.
Historia Hallmark Cards na oficjalnej stronie firmowej: http://corporate.hallmark.com/Company/Company-History.

Oficjalna strona internetowa Hall Family Fundation: http://hallfamilyfoundation.org/who-we-are.

Joyce C. Hall, Curtiss Anderson, *When You Care Enough*, Hallmark, 1992.

Linda Burson, *Joyce C. Hall*, http://www.evancar-michael.com/library/linda-burson/Joyce-C-Hall.html.

Sylwetka Joyce'a Clyde'a Halla na portalu nnbd.com: http://www.nndb.com/people/270/000164775.

Keneth A. Ken Hendricks

(1941-2007)

przedsiębiorca, twórca firmy ABC Supply – największego w Stanach Zjednoczonych dystrybutora materiałów budowlanych

Ken Hendricks przeszedł drogę od robotnika, który skakał po dachach, układając dachówki, do jednego z najbogatszych przedsiębiorców w Stanach Zjednoczonych. Niektórym trudno uwierzyć, że mógł osiągnąć to wszystko w tak „zwykły" sposób. W jego życiu nie było niespodziewanych zwrotów akcji, wzlotów, upadków ani dramatycznych historii. Było ono natomiast przepełnione szacunkiem do współpracowników i klientów, miłością do rodziny i swojej małej ojczyzny – miasteczka Beloit w stanie Wisconsin, a także szczodrością wobec potrzebujących. Ken Hendricks posiadał cechę, która zjednywała mu sympatię innych – niesamowitą wręcz skromność. Nie było człowieka, który by go znał i nie lubił! Jego firma ABC Supply generowała obroty na poziomie 3 miliardów dolarów rocznie, jego prywatny majątek szacowano na 2,6 miliarda, a mimo to on dla wszystkich mieszkańców rodzinnego Jacksonville i pobliskiego Beloit był „zwykłym chłopakiem stąd”.

Ken urodził się i dorastał w Janesville w stanie Wisconsin. W 1958 roku, gdy był w 11 klasie, postanowił zrezygnować z dalszej nauki. Chciał rozpocząć „dorosłe życie”. Ożenił się z koleżanką z gimnazjum i pomagał ojcu w firmie budowlanej zajmującej się układaniem dachów oraz sprzedażą potrzebnych dekarzom materiałów budowlanych. Już jako młody, kilkunastoletni chłopak miał wielkie marzenia. Marzenia o stworzeniu dużej firmy budowlanej, znacznie większej od tej, którą prowadził jego ojciec. „Pamiętam jak stanąłem przed lustrem, spojrzałem sobie w oczy i powiedziałem: Mój Boże, ile tu jest takich ludzi jak ja? Ludzi, którzy chcą coś zrobić, rozwinąć działalność, tylko muszą mieć na to szansę" – opowiadał w wywiadzie internetowym w 2005 roku, na dwa lata przed tragiczną śmiercią. W firmie ojca poznawał tajniki zawodu dekarza i od podstaw uczył się biznesu. Doskonalił swoje umiejętności i miał głowę pełną nowatorskich pomysłów, dzięki czemu przez kolejnych 17 lat rozwinął, już samodzielnie, tę małą firmę do operującej w kilku stanach struktury, zatrudniającej około 500 osób.

Jeden ze swoich pomysłów oparł na spostrzeżeniu, że większość dekarzy pracuje pojedynczo, przez co nie są tak konkurencyjni i tracą wiele większych zleceń. Postanowił stworzyć firmę z wieloma oddziałami, która systematycznie będzie zdobywać rynek poprzez proponowanie konkurencyjnych cen i szybkich terminów realizacji. Hendrix zorientował się, że klientom prawie zawsze zależy na szybkim terminie rozpoczęcia prac. Chciał, aby jego firma, podzielona na lokalne oddziały, znajdujące się bliżej klienta, dawała taką właśnie możliwość. Już wtedy wiedział, że kluczem do sukcesu jest właściwa obsługa klientów – zadowolony klient poleci firmę swoim znajomym, a być może po jakimś czasie powróci z kolejnym zleceniem.

W 1975 roku podjął zaskakującą decyzję – oddał pracownikom swoje udziały w świetnie prosperującym przedsiębiorstwie, bo chciał, po pierwsze, mieć więcej czasu dla siebie, a po drugie i być może ważniejsze, miał kolejną wizję, którą chciał zrealizować. Jego małżeństwo z koleżanką z lat szkolnych nie przetrwało próby czasu. W 1975 roku spotkał miłość swojego życia Diane. Stała się ona nie tylko jego partnerką życiową, lecz także biznesową. W 1982 roku, w czasach kryzysu gospodarczego w USA spowodowanego drastycznym wzrostem cen ropy naftowej, gdy cała gospodarka kulała i to na obie nogi, oni podjęli odważną decyzję o zakupie trzech dużych centrów zaopatrujących firmy budowlane, należących do firmy Bird&Sons. Misją firmy Kena i Diane było stworzenie amerykańskim firmom budowlanym jak najlepszych warunków współpracy i rozwoju. Ken powiedział: „Wykonawcy powinni być lepiej traktowani przez hurtowników i dostawców. Na pewno lepiej niż ja byłem traktowany przez te wszystkie lata". I tak ruszyła ABC Supply.

Wieści o dobrej obsłudze i konkurencyjnych cenach szybko rozeszły się wśród klientów i sieć hurtowni zaczęła się szybko rozwijać. Po pięciu latach mieli już 50 sklepów, a Ken Hendricks otrzymał tytuł „przedsiębiorcy roku", nadany mu przez firmę konsultingową Ernst & Young. Kolejne 15 lat to czas dynamicznego rozwoju ABC Supply. Hendrixowie mieli w 1988 roku 204 hurtownie i zamknęli rok sprzedażą w wysokości miliarda dolarów.

Ten ogromny sukces nie zmienił go ani trochę. Cały czas był tym samym, prostolinijnym i dobrym człowiekiem. „Jestem facetem z szorstkimi od ciężkiej pracy dłońmi i czapeczką baseballową z napisem ABC Supply!" – mówił. Angażował się w życie lokalnej społeczności. Szczególnie upodobał sobie pomaganie młodym ludziom, bo w nich widział przyszłość Ameryki.

Zaangażował się między innymi w projekt utworzenia zespołu rajdowego w Szkole Miejskiej w Wisconsin. Sponsorował budowę samochodu i toru treningowego. „Dajmy dzieciom możliwości, pokażmy, że mogą być naszymi partnerami w wielu przedsięwzięciach, uczyńmy ich odpowiedzialnymi za swoje życie" – mówił Ken w wywiadzie dla portalu internetowego HotRod. Choć sam nie ukończył szkoły i był samoukiem uczącym się na swoich błędach, uważał, że szkoła może być inspirującym i przyjaznym miejscem dla dzieciaków. Trzeba tylko znaleźć jakiś pomysł, aby zainteresować młodych ludzi naukami ścisłymi, które uważał za szczególnie istotne dla rozwijania ducha przedsiębiorczości. Wiedział, że dzieciaki chętniej pójdą do szkoły, jeśli będzie się tam działo coś interesującego. Pomysł budowy samochodu rajdowego, a potem toru do treningów, nadawał się do tego znakomicie!

Hendrix był bardzo mocno związany z miastem i regionem, w którym się urodził i wychował. W swojej „małej ojczyźnie" sponsorował odbudowę zapomnianych i podupadających dzielnic… Kupił i wyremontował centrum handlowe w Beloit. Nabył udziały w fabryce silników Fairbanks-Morse w Beloit i przywrócił ją do życia. Zaangażował się w budowę stadionu dla młodzieżowej drużyny softbolowej Beloit Snappers. Widział potrzebę zachowania równowagi między rozwojem cywilizacji a ochroną środowiska naturalnego. Był zaangażowany w szukanie ekologicznych rozwiązań w budownictwie. Inwestował w technologie wykorzystujące odnawialne źródła energii: elektrownie wiatrowe oraz inteligentne, oszczędzające energię domy. Zawsze był skromnym człowiekiem. Gdy w 2007 roku jako jeden z pierwszych na świecie (!) odbierał w imieniu swojej firmy nagrodę Gallup Great Workplace Award (Za Najlepsze Miejsce Pracy) przyznawanej naprawdę wyjątkowym pracodawcom, powiedział: „To wszystko dzięki dobremu traktowaniu ludzi i szacunkowi dla nich". Mówiąc o swoich relacjach z pracownikami, zawsze podkreślał, że są jego przyjaciółmi. „Nie czuję się lepszy od nikogo, kto u mnie pracuje. Kimże ja jestem? Rzuciłem szkołę, gdy byłem dzieciakiem! Nie mam prawa nikogo oceniać, bo nie ma we mnie nic nadzwyczajnego!". Był szczególnie dumny z faktu, że połowa jego kadry zarządzającej zaczynała u niego pracę przed laty jako zwykli magazynierzy, kierowcy, sprzedawcy. Wierzył w ludzi, w ich możliwości. Jego ulubionym powiedzeniem było: „Dziś możesz być zbieraczem śmieci, a jutro możesz zmienić swoje życie i odnieść sukces w biznesie!".

Ken Hendricks był bardzo rodzinnym człowiekiem. Miał siedmioro dzieci. Wszystkie kontynuują dzieło ojca, pracując w Hendricks Holding – firmie utworzonej w 2001 roku i skupiającej wszystkie przedsięwzięcia biznesowe Kena i Diane. Możemy tylko zastanawiać się, dokąd by doszedł, czym jeszcze zaskoczył najbliższych i branżę, ile dobrych rzeczy zrobił dla społeczności, gdyby nie wydarzenia z 21 grudnia 2007 roku. Tego dnia wieczorem poszedł na piętro swojego domu, nad garażem, aby zobaczyć, jak idą prace remontowe. Na podłodze leżała brezentowa płachta. Hendricks, chodząc po piętrze niestety, nie zauważył, że w kilku miejscach

nie ma desek. Moment nieuwagi wystarczył...
Diane znalazła go leżącego w garażu na betono-
wej podłodze. Odwieziono go do szpitala, gdzie
zmarł w wyniku odniesionych obrażeń.

Był człowiekiem, który swój sukces zawdzięczał
pracowitości i konsekwencji w dążeniu do realizacji swojego marzenia o stworzeniu dużej firmy
budowlanej. Cechami, które z pewnością pomogły mu odnieść sukces, były: odwaga w podejmowaniu trudnych decyzji, których w biznesie nie
brakuje, oraz umiejętność czerpania pomysłów
z obserwacji, a następnie wdrażania ich w życie. Nigdy nie wywyższał się nad innych i, będąc
milionerem, pozostał tym samym „chłopakiem
stąd", który przystawał na ulicy i rozmawiał ze
starymi kolegami. Dzielił się swoim bogactwem
z ludźmi. Wspierał organizacje charytatywne,
budował i rozwijał kluby młodzieżowe i harcer-
skie, pomagał szkołom. Sam, nie mając wykształcenia formalnego, zdawał sobie sprawę, jak ważne jest stworzenie młodym ludziom przyjaznego
środowiska w szkole, które inspirowałoby ich do
lepszego życia dla dobra „małej ojczyzny", którą

tak bardzo ukochał. Swoją rolę w społeczeństwie rozumiał jako obowiązek dzielenia się tym, co osiągnął dzięki swojej pracy i wskazywania drogi młodszemu pokoleniu, któremu często brakuje wzorów do naśladowania.

KALENDARIUM:

8 sierpnia 1941 – narodziny Kena Hendricksa w Janesville w stanie Wisconsin

1958 – jako 17-latek rezygnuje z nauki w szkole i rozpoczyna pracę w firmie ojca; z małej firmy budowlanej tworzy przedsiębiorstwo operujące w kilku stanach i zatrudniające pół tys. osób

1975 – po 17 latach prowadzenia firmy Ken oddaje ją swoim współpracownikom; żeni się z Diane; z tego związku ma siedmioro dzieci

1982 – Ken kupuje trzy centra sprzedaży materiałów budowlanych i zaczyna budować najpotężniejszą sieć hurtowni budowlanych w USA

1987 –firma ABC Supply ma już 50 sklepów, a Ken
zostaje uznany przez firmę Ernst & Young za
przedsiębiorcę roku

1992 – na 10-lecie działalności firma zajmuje 12
miejsce wśród największych firm prywatnych w stanie Wisconsin; posiada 94 placówki

1997 – ABC Supply ma już 204 sklepy i jest na 321
miejscu wśród największych amerykańskich
przedsiębiorstw

1998 – firma Kena i Diane zamyka rok obrotem
w wysokości miliarda dolarów!

2003 – Hendricksowie przekazują 100 000 dolarów na budowę Centrum Sztuk Teatralnych
w Janesville

2006 – ABC Supply zajmuje 107 miejsce na liście
„Forbesa" największych prywatnych firm
w USA; roczne obroty są na poziomie 3 mld
dolarów, a co dwa tygodnie otwierana jest
nowa placówka

2007 – Hendricks pracuje nad kilkoma projektami
mającymi na celu poprawę jakości edukacji
w stanie Wisconsin; odbiera prestiżową na-

grodę Gallupa dla firmy będącej najlepszym miejscem pracy.

21 grudnia 2007 – Ken umiera w wieku zaledwie 66 lat w wyniku odniesionych obrażeń po upadku z dachu remontowanego garażu w swoim domu

CYTATY:

„Moją ulubioną porą dnia jest wieczór, ponieważ wiem, że zrobiłem wszystko, co mogłem".

„Cokolwiek robisz, rób to najlepiej, jak potrafisz. Nigdy nie stawiaj sobie granic, dokąd możesz dojść. Możesz być zbieraczem śmieci i odnieść sukces w biznesie!".

„Jestem na 107 miejscu wśród najbogatszych Amerykanów. Nie mogę uwierzyć, jak łatwo było to osiągnąć. Po prostu robiłem krok za krokiem!".

„Najważniejsze w prowadzeniu biznesu jest

szczęście. Być tam gdzie trzeba i kiedy trzeba. Same umiejętności biznesowe są mocno przereklamowane".

„Zła lokalizacja? Przenieś się! Niewłaściwi ludzie? Wymień ich! Zła branża? Nie wierzę! Wszędzie możesz odnieść sukces. Ja mam fabrykę maszyn i narzędzi, która funkcjonuje świetnie. Z chęcią mogę przenieść się do branży górniczej! To to, jak patrzysz na biznes i jak nim zarządzasz, robi różnicę".

ŹRÓDŁA I INSPIRACJE:

Oficjalna strona Hendricks Holding Co.: http://www.hendricksholding.com.
10 questions for Ken Hendricks: http://www.inc.com/magazine/20061201/entrepreneur-questions.html.
"*Billionaire Hendricks died after fall*, „Gazette Xtra", http://www.gazettextra.com/news/2007/dec/21/billionaire-hendricks-dies-after-fall.

Hendricks leid to rest, Beloitdailynews.com, http://
www.beloitdailynews.com/news/hendricks-
-laid-to-rest/article_079657dc-6c7a-57df-8b21-
-3a2847b60e4a.html.

Milton Snavely Hershey

(1857-1945)

amerykański cukiernik, biznesmen i filantrop, założyciel The Hershey Company

Postać Miltona S. Hersheya jest ucieleśnieniem amerykańskiego snu i dowodem na prawdziwość tego, że można przejść drogę „od zera do milionera". Urodził się 13 września 1857 roku w miejscowości Derry Township w stanie Pensylwania. Jego przodkowie przybyli do Stanów Zjednoczonych na początku XVIII wieku z Niemiec i Szwajcarii, przez co Milton w dzieciństwie posługiwał się językiem Pennsylvania Dutch – gwarą typową dla przybyszów z Niemiec, Szwajcarii i wschodniej Francji.

Życie młodych ludzi w rolniczej Pensylwanii nie należało do najłatwiejszych. Milton od najmłodszych lat musiał pomagać rodzicom, dzięki czemu wcześnie poznał wartość ciężkiej pracy i wytrwałości, jednak równocześnie ograniczyło mu to dostęp do edukacji. Mama Miltona uważała ponadto, że nauka i książki mogą mieć zły wpływ na jej dziecko i nie przykładała wielkiej wagi do edukacji syna. Ponieważ rodzina często się przeprowadzała, chłopiec ciągle zmieniał szkoły, przez co formalną edukację zakończył na czwartej klasie. Wtedy też musiał podjąć pierwszą prawdziwą pracę. Znalazł zatrudnienie w drukarni w Lancaster drukującej niemiecką prasę. Niestety, ponieważ bardzo słabo czytał i pisał, napotykał w pracy wiele trudności, które sprawiały, że coraz bardziej się do niej zniechęcał. Dzięki pomocy mamy, gdy miał 14 lat, na ucznia przyjął go cukiernik Joseph Rajer. To właśnie słodycze, a nie papier i atrament, stały się wielką pasją chłopca, której poświęcił całe swoje życie.

Joseph Rajer przez cztery lata uczył Miltona tajników cukierniczego rzemiosła. Po tym czasie młody Hershey przeniósł się do to Filadelfii i za pożyczone od wujka pieniądze otworzył pierwszy biznes: M.S. Hershey cukiernik. Sprzedaż hurtowa i detaliczna. Firma początkowo nie prosperowała najlepiej, a Milton nie potrafił zarobić na swoje utrzymanie i spłatę długów. Mimo to nieustannie pragnął się rozwijać. Sprzedał więc interes i wyjechał do Denver, gdzie zatrudnił się u producenta cukierków. Tam prawdopodobnie poznał sekret wyśmienitych karmelków: świeże mleko. Po jakimś czasie opuścił Denver, by próbować swoich sił w różnych miejscach (odwiedził między innymi Chicago i Nowy Jork), ale żadne z jego przedsięwzięć nie powiodło się, więc finalnie w 1883 roku zupełnie bez grosza powrócił do Lancaster. Ponownie dzięki pomocy mamy i wuja wystartował tam z nową fabryką cukierków specjalizującą się oczywiście w karmelkach. Lancaster Caramel Company okazała się fantastycznym pomysłem. Milton skupiał całą swoją energię na wyprodukowaniu rozpływających się w ustach karmelków ze świeżych składników i jego starania opłaciły się – firma w kilka lat zyskała sławę producenta wysokiej jakości słodyczy, co znacznie umocniło jego pozycję w cukierniczym biznesie i przygotowało grunt pod dalsze sukcesy.

Milton karmelowi zawdzięcza pierwszy milion, ale to czekolada przyniosła mu prawdziwą fortunę. W 1893 roku Hershey tak jak miliony innych Amerykanów brał udział w Wystawie Światowej w Chicago, znanej jako The World's Columbian Exposition. Jednym z wystawców był tam niemiecki producent maszyny służącej do produkcji czekolady. Milton był pod ogromnym wrażeniem tej maszyny i postanowił zakupić ją do swojej fabryki. Tym samym w 1894 roku utworzył Hershey Chocolate Company, która stała się jedną z gałęzi Lancester Caramel Company. Teraz mógł produkować nie tylko karmelki – rozszerzył działalność również na ponad sto rodzajów czekoladek. Co ważne, nikt nie pokazał mu, jak wytwarzać mleczną czekoladę. Do wszystkiego doszedł samodzielnie.

Oprócz sukcesów na polu zawodowym Hershey wyjątkowo dobrze radził sobie też w życiu prywatnym. W 1898 roku poślubił o czternaście lat młodszą od siebie Catherine Sweeney. Wniosła ona wiele radości, energii i ciepła do jego życia. Ponieważ nie mogli mieć własnych dzieci, skupili się na działalności charytatywnej ukierunkowanej przede wszystkim na najmłodszych.

Milton Hershey był idealistą. Pragnął stworzyć idealne miasto z ładnymi domkami, uroczym parkiem, dobrze działającą komunikacją miejską i innymi udogodnieniami potrzebnymi mieszkańcom w każdym wieku. Swoje marzenia zaczął realizować w 1903 roku, kiedy za pieniądze otrzymane ze sprzedaży karmelkowej części swojej firmy zakupił 1200 akrów ziemi niedaleko miejsca swoich narodzin. Jego firma koncentrowała się teraz przede wszystkim na masowej produkcji mlecznej czekolady, a Hershey starał się zaangażować w biznes lokalną społeczność, zapewniając miejsca pracy oraz skupując mleko wprost od lokalnych farm. Wierzył, że jego firma i społeczność, w której się wychował, są ze sobą splecione, więc czuł ogromną odpowiedzialność za swoich pracowników. Skutkiem jego wysiłków jest miasteczko Hershey, znane jako „najsłodsze miejsce na świecie".

Firma świetnie prosperowała. Produkty Hersheya były szeroko dystrybuowane, a jego nazwisko stało się synonimem świetnej jakości czekolady. Rozwój firmy i zgromadzone w konsekwencji bogactwo pozwoliły Miltonowi jeszcze mocniej zaangażować się w działalność dobroczynną. W 1909 roku razem z żoną założył szkołę przemysłową dla osieroconych chłopców. Szkoła ta niedługo później stała się koedukacyjna i funkcjonuje do dzisiaj pod nazwą Milton S. Hershey School. Po śmierci żony w 1915 roku Milton wciąż pomagał szkole, fundując stypendia dla najbiedniejszych uczniów. W 1918 roku przeniósł większość swojego majątku (wliczając w to prawo własności do Chocolate Company) na fundusz powierniczy wspierający rozwój szkoły i jej uczniów.

Po śmierci ukochanej Catherine Milton nie ożenił się ponownie. Był jednak tak przywiązany do zmarłej żony, że podobno nigdy nie rozstawał się z jej fotografią.

Hershey nie zaniechał swojej dobroczynnej działalności nawet w ciężkich ekonomicznie czasach. W latach 30. podczas Wielkiego Kryzysu starał się sam podsycać zapotrzebowanie na swoje towary, tak aby nikt z jego pracowników nie stracił pracy. Zamówił też wtedy projekt wielkiego hotelu, budynków komunalnych i nowej siedziby dla swojej firmy. W czasie II wojny światowej wspierał militarne starania swojego kraju poprzez organizowanie dostaw czekoladowych batoników dla wojska. Opracował recepturę, dzięki której słodycze były nie tylko smaczne, ale również nie roztapiały się w wysokich temperaturach.

Dla tych, którzy znali Hersheya, jego hojność nie była zaskoczeniem. Jednak swoją postawą pozytywnie wyróżniał się na tle innych amerykańskich rekinów biznesu. Chociaż z całą pewnością mógł pozwolić sobie na wiele, nigdy nie epatował bogactwem, żył skromnie i oszczędnie, aby cały majątek przeznaczać na pomoc lokalnej społeczności. Chociaż sam rzadko pisał i czytał, robił wszystko, co w jego mocy, aby mieć pewność, że każdy w jego otoczeniu otrzyma solidne wykształcenie. Do ostatnich lat życia kontynuował pracę zgodnie z etyką wpojoną mu za młodu przez matkę, a przywiezioną przez przodków zza oceanu. Zmarł 13 października 1945 roku w Hershey – mieście, które zbudował od podstaw. Jego wizerunek, wizerunek przedsiębiorczego biznesmena z ogromnym sercem i odwagą realizacji marzeń, który wszystko, do czego w życiu doszedł, zawdzięcza własnej ciężkiej pracy, do dzisiaj może być inspiracją dla tysięcy młodych ludzi.

KALENDARIUM:

13 września 1857 – narodziny Miltona S. Hersheya
1871 – zakończenie edukacji
1872 – rozpoczęcie praktyk w cukierni Josepha Rajera w Lancaster
1876 – Milton zakłada pierwszy biznes w Filadelfii – M.S. Hershey cukiernik. Sprzedaż hurtowa i detaliczna"

1882 – Milton sprzedaje działalność i wyrusza do Denver

1883 – powrót do Lancaster i założenie fabryki The Lancaster Caramel Company

1893 – wystawa światowa w Chicago i spotkanie z producentem maszyn do wyrobu czekolady

1894 – powstaje Hershey Chocolate Company jako jedna z gałęzi głównej firmy

1898 – ślub z Catherine Sweeney

1900 – Hershey sprzedaje karmelową część firmy, by skupić się głównie na wyrobach czekoladowych

1903 – Hershey kupuje 1200 akrów ziemi i zaczyna tworzyć własne miasto

1909 – założenie szkoły przemysłowej

1915 – śmierć Catherine Sweeney

1918 – Hershey przekazuje znaczną część swojego majątku na fundusz powierniczy dla założonej przez siebie szkoły

1935 – powstaje fundacja Hersheya finansująca edukacyjne i kulturalne zajęcia przeznaczone dla wszystkich mieszkańców Hershey

13 października 1945 – śmierć Miltona Hersheya

CIEKAWOSTKI:

- The Hershey Company obejmuje m.in. marki: Almond Yoy, Mounds, Kit Kat, Cadbury, Twizzler.
- Obecnie każdego roku w szkole założonej przez Hersheya uczy się blisko 1900 uczniów.
- Milton razem z żoną mieli zarezerwowane bilety na rejs Titanica. W ostatniej chwili zrezygnowali z podróży.

CYTATY:

„Postawiłem wszystko na czekoladę".

„Weź człowieka o przeciętnej inteligencji, daj mu równe szanse, a wkrótce nauczy się robić to wszystko, co inni podobnie inteligentni ludzie potrafią".

„Można być szczęśliwym tylko w takim stopniu, w jakim uczyniło się innych szczęśliwymi".

„Daj im jakość. To najlepsza reklama na świecie”.

ŹRÓDŁA I INSPIRACJE:

Michael D'Antonio, *Hershey: Milton S. Hershey's Extraordinary Life of Wealth, Empire, and Utopian Dreams*, Simon & Schuster, 2006.

Joanne Mattern, *Milton Hershey: Hershey's Chocolate Creator*, Abdo Publishing, 2015.

Greg Rothman, *The 7 Golden Rules of Milton Hershey*, Tremendous Life Books, 2008.

https://www.thehersheycompany.com/about-hershey.aspx.

http://hersheyhistory.org.

http://www.mhskids.org/about/school-history/milton-s-hershey.

http://www.ducksters.com/biography/entrepreneurs/milton_hershey.php.

✻

Sōichirō Honda

(1906-1991)

japoński konstruktor, wynalazca i biznesmen, twórca marki Honda

Honda – większość ludzi wie, że jest to nazwa firmy produkującej samochody i motocykle, niewielu jednak zna niezwykły życiorys jej założyciela, znakomitego wynalazcy i przedsiębiorcy, którego nazywano Edisonem z Hamamatsu lub japońskim Henry Fordem.

Sōichirō Honda pochodził z rodziny, której nie można było nazwać bogatą. Jego ojciec, z zawodu kowal, założył najlepszy w okolicy sklep rowerowy, a przy nim warsztat naprawy rowerów. Chłopiec od najmłodszych lat łączył naukę z pracą w warsztacie ojca. Tam poznał podstawy mechaniki, które stały się bazą jego wiedzy fachowej. Nauczył się też rzetelności, punktualności oraz szacunku dla ciężkiej pracy.

Gdy Sōichirō skończył siedem lat, na głównej ulicy niewielkiego miasteczka zobaczył tuman kurzu, który przesuwał się przy akompaniamencie niezwykłego warkotu. Ledwo udało mu się w tym dostrzec poruszający się pojazd. Zdziwiony tym widokiem biegł ulicą wzdłuż samochodu tak długo, jak tylko się dało. Zamarzył, by w przyszłości skonstruować coś podobnego i obiecał sobie, że zrobi wszystko, by tak się stało. Tę chwilę zapamiętał na całe życie.

Sōichirō miał niewątpliwie zdolności techniczne, ale nauka w szkole nie była jego pasją. Wyniki osiągał co najwyżej mierne, przez co wielokrotnie miewał kłopoty. Szkoła japońska wymagała, by pod wynikami znajdowała się pieczątka z podpisem rodziny. Sōichirō wymyślił sposób, by ją podrobić i tym samym uniknąć przykrych konsekwencji nie najlepszych ocen. To się jednak szybko wydało, a nauczka, którą otrzymał, była bolesna. Nadal jednak zaniedbywał naukę, zaś do szkoły często przychodził prosto z warsztatu, umorusany smarem, przez co inne dzieci przezywały go i śmiały się z niego. Niewiele sobie z tego robił, bo liczyło się dla niego tylko jedno – śmiałe marzenie o samochodach.

W kwietniu 1922 roku (a więc w wieku 15 lat), na krótko przed ukończeniem szkoły, zobaczył reklamę firmy serwisującej samochody Tokyo Art Shokai i natychmiast postanowił, że musi tam pracować! Znał się tylko na rowerach, samochód widział tylko z daleka, ale siła marzenia, które towarzyszyło mu od niemal 10 lat, była ogromna. Odważył się napisać prośbę, by przyjęto go do firmy Art Shokai jako ucznia. Nietrudno wyobrazić sobie jego ogromną radość, gdy dostał odpowiedź pozytywną. Nie czekał dłużej. Niemal natychmiast wyruszył do Tokio i zaczął pracować w wybranej przez siebie firmie za skromne wyżywienie, nocleg i jeszcze skromniejsze kieszonkowe. Szybko doceniono zalety młodego człowieka: jego niezwykły entuzjazm, chęć do pracy i radość z uczenia się nowych rzeczy. A okazja do nauki była nadzwyczajna. W Art Shokai bowiem naprawiano wszelkie pojazdy silnikowe: motocykle i samochody najróżniejszych firm, niekiedy zbudowane w przedziwny sposób. Po krótkim okresie terminowania z ucznia pomocnika stał się zaufanym mechanikiem. Zakres posiadanej przez niego wiedzy zdumiewał wszystkich, którzy się z nim zetknęli. Jego mistrz w Art Shokai Yuzo Sakakibara był z niego dumny; Sōichirō Honda nigdy nie zapomniał człowieka, który w niego uwierzył i dał mu szansę rozwoju.

Ci, którzy znali Hondę w tamtych czasach, zapamiętali, że mimo iż nie miał wiedzy teoretycznej, stał się ekspertem w rozwiązywaniu różnego rodzaju wyzwań stawianych przez początkującą motoryzację.

Jednocześnie Sōichirō Honda (także dzięki Sakakibarze) zainteresował się rozwijającym się właśnie sportem – wyścigami samochodowymi. W Japonii zdobyły one popularność już w 1920 roku. Sakakibara między innymi z pomocą Hondy zaczął produkować samochody wyścigowe. Już w 1924 roku ich samochód, prowadzony przez Sakakibarę z towarzyszeniem Sōichirō Hondy jako inżyniera, wygrał w pięknym stylu 5 Japan Automobile Competention. Siedemnastoletni Honda po raz kolejny przekonał się, że marzenia mają ogromną moc.

W 1928 roku staż Sōichirō Hondy w Art Shokai dobiegł końca. Dwudziestodwuletni Honda otworzył własny oddział tej firmy w Hamamatsu. Sakakibara dał mu jako jedynemu ze swoich uczniów pełną swobodę w prowadzeniu oddziału. Honda poświęcił tej pracy wszystkie swoje zdolności i umiejętności. Najbardziej podziwiany był za wynalazki. Stąd zresztą się wziął jego przydomek: Edison z Hamamatsu. Wymyślił niezliczone rozwiązania znajdujące zastosowanie w napędzie samochodów oraz ułatwiające pracę ludzi w warsztatach samochodowych. Skonstruował na przykład podnośnik samochodów, bo uznał, że ludzie nie mogą pracować przy samochodach, pełzając pod nimi.

Bardzo szybko oddział Art Shokai z małego warsztatu zatrudniającego jednego człowieka stał się firmą, w której pracowało 30 ludzi. W ciągu kilku Sōichirō lat został jednym z najbogatszych mieszkańców rodzinnego miasta. Później mówił o tym, że tak szybkie wzbogacenie się nie wpłynęło dobrze na jego zachowanie z tego okresu. Zachłysnął się swoimi możliwościami finansowymi. Był stałym uczestnikiem imprez, brylował na salonach. To jednak nie trwało długo. Zakochał się w dziewczynie o imieniu Sachi i ożenił się z nią. Był to rzadki w tamtych czasach w Japonii przypadek ślubu z miłości. Małżeństwo okazało się niezwykle szczęśliwe i trwałe. Sachi podzielała zainteresowania Saichiro i radziła sobie z jego zmiennymi humorami. Była zafascynowana motoryzacją i podobnie jak mąż otwarta na nowe pomysły.

Fima Sōichirō Hondy nadal się rozrastała. To jednak mu nie wystarczało. Pamiętał o swoim marzeniu, którego jeszcze nie zrealizował. Nie chciał naprawiać samochodów, chciał je produkować. W 1936 roku podjął starania w tym kierunku, jednak inwestorzy postanowili, że nowa firma będzie produkowała pierścienie tłokowe. Zaczęło się od pasma niepowodzeń. Hondzie brakowało pewnych podstaw teoretycznych i bardzo wiele wyprodukowanych elementów miało wady uniemożliwiające ich właściwą pracę. Postanowił więc zapoznać się bliżej z metalurgią. Jeździł po zakładach produkujących stal, by dowiedzieć się więcej o jej gatunkach, zastosowaniach i możliwościach. Zaczął studiować ten kierunek, nie potrafił się jednak przystosować do reżimu nauki. Przeszkadzał w zajęciach i chciał słuchać wyłącznie o tym, co było mu potrzebne. Do dyplomu nie dotrwał, ale nigdy tego nie żałował. Swój cel osiągnął. Po dwóch latach produkowane przez Tokai Seiki pierścienie tłokowe uzyskały tak wysoką jakość, że zaczęła je kupować Toyota i wiele innych firm japońskich. Gdy rozpoczęła się wojna i wielu pracowników poszło do wojska, Honda wymyślił i wdrożył automatyzację procesu produkcji pierścieni tłokowych, a potem frezowania drewnianych śmigieł do samolotów. Niestety, naloty bombowe w czasie wojny oraz trzęsienie ziemi przyczyniły się do upadku dobrze dotąd prosperującej spółki. To jednak nie oznaczało upadku Sōichirō Hondy.

Pracował dalej i konsekwentnie podążał w stronę realizacji dziecięcego marzenia o produkcji samochodów. Najpierw skupił się na mniejszych pojazdach. Odkupił od wojska zbędne już silniki do generatorów prądu i… montował je do rowerów. Motorowery oszczędnie zużywające paliwo stały się bardzo popularne, głównie ze względu na powojenne trudności ze zdobyciem benzyny.

Honda jednak szedł dalej i w 1948 roku rozpoczął produkcję motocykli pod własną marką w utworzonej przez siebie firmie Honda Motor Company. Kapitał założycielski spółki wynosił zaledwie 1500 dolarów. Honda został jej prezesem i pełnił tę funkcję do przejścia na emeryturę w 1973 roku. Nadal pracował z zapałem nie mniejszym niż ten, z którym naprawiał rowery w warsztacie ojca. Nadal też chciał tworzyć coraz lepsze pojazdy. Firma Honda stała się stopniowo liderem w produkcji motocykli najpierw w Japonii, a potem na całym świecie. Nie obyło się bez chwilowych załamań. Motocykle sprzedawane w Europie okazały się gorsze niż produkowane na tym kontynencie. Jednak Hondę trudności nie zniechęcały, a motywowały. Tak było i tym razem. Po zmodernizowaniu motocykle odniosły spektakularny sukces. Przełomem okazał się model Super Cub, zaprezentowany w 1958 roku, który nadal sprzedaje się doskonale.

Przed Hondą jednak cały czas stała realizacja dziecięcego marzenia o produkcji samochodów. O silnikach wiedział już wszystko. Poza motocyklami jego firma od 1953 roku produkowała różnorodne silniki montowane w urządzeniach i maszynach. Pierwsze samochody wyprodukowane przez firmę Hondy pojawiły się w 1962 roku. Miały motocyklowe silniki i osiągały dużą moc przy wysokich obrotach. Jednak zwieńczeniem jego nowatorskiego myślenia, umiejętności zarażania ludzi entuzjazmem i konsekwencji w dążeniu do celu był model Civic wyprodukowany w 1972 roku. Silnik w tym modelu nie tylko miał dużą moc i był oszczędny, lecz także z ogromną nadwyżką spełniał normy emisji spalin. Samochód szybko stał się popularny. Z marzenia siedmiolatka wyrosła firma o zasięgu światowym, która przetrwała swego założyciela.

Echo jego słów i filozofię życia odzwierciedla motto imperium motoryzacyjnego: The Power of Dreams.

Sōichirō Honda w 1973 roku przeszedł na emeryturę, jednak nie przestał pracować dla swojej firmy, wpływając aktywnie na kierunek jej rozwoju. Nadal imponował świeżością umysłu, kreatywnością i entuzjazmem. Z prawdziwą przyjemnością testował nowe modele samochodów. Już po siedemdziesiątce zdobył licencję pilota (jego żona także). Niemal do końca życia uprawiał narciarstwo i latał balonem. Był bardzo skromnym człowiekiem, rzadko udzielał wywiadów. Pracował nie dla sławy, lecz głównie dla przyjemności tworzenia. Może dlatego jego praca przyniosła tak świetne efekty.

KALENDARIUM:

17 listopada 1906 – narodziny Sōichirō Hondy
1913 – Honda po raz pierwszy widzi samochód; po-

stanawia, że zostanie konstruktorem takich
pojazdów

1922 – ukończenie szkoły i rozpoczęcie pracy
w warsztacie samochodowym Art Shokai
w Tokio

1923 – pierwszy udział w wyścigach samochodowych

1928 – otwarcie i poprowadzenie oddziału Art Shokai w Hamamatsu

1936 – powołanie do życia spółki Tokai Seiki i pod-
jęcie produkcji pierścieni tłokowych; powrót
do planów konstruowania aut

1945 – upadek spółki Tokai Seiki

1948 – założenie przedsiębiorstwa Honda Motor
Company

1949 – wyprodukowanie pierwszego motocykla
Dream D-Type

1958 – wejście Hondy na rynek amerykański

1960 – skonstruowanie przez firmę Hondy samochodu

1963 – rozpoczęcie produkcji seryjnej Hondy T360

1972 – Honda Civic

1973 – przejście Sōichirō na emeryturę, ale zachowanie w firmie na stanowiska „najwyższego doradcy"
1976 – Honda Accord
1983 – Honda CR-X
1986 – powstanie luksusowej marki Acura oraz początek rozwoju robotyki
1995 – Honda CR-V
5 sierpnia 1999 – śmierć wielkiego konstruktora i wynalazcy
2005 – Honda FR-V
2010 – Honda CR-Z

O FIRMIE HONDA MOTOR CO.:

Ponad 300 mln motocykli (do września 2014)
124 zakłady w 24 krajach
4 110 000 pojazdów (2012)
Dochody: 9,877 bln jenów (2013)
Zysk z działalności operacyjnej: 544,8 mld jenów (2013)
Zysk netto: 367,1 mld jenów (2013)

Aktywa ogółem: 11,780 bln jenów (2012)
Razem kapitał własny: 4,402 bln jenów (2012)
Pracownicy: 190 338 (2013)

CIEKAWOSTKI:

- Hondę nazywano japońskim Henrym Fordem i Edisonem z Hamamatsu.
- Sōichirō Honda w zaawansowanym wieku zdobył licencję pilota, uprawiał narciarstwo, lotniarstwo i latał balonem.
- Amerykański tygodnik „People" w 1980 roku umieścił Hondę na liście 25 najbardziej intrygujących ludzi roku.

GŁÓWNE ZASADY DZIAŁANIA HONDA MOTOR CO.:

- Szacunek dla indywidualności.
- Trzy radości – radość kupowania, radość sprzedawania, radość tworzenia.

**MYŚL NA PODSTAWIE ŻYCIORYSU
HONDY:**

Jeśli czegoś nie wiesz, sprawdź, czy inni tego nie
wiedzą. Honda przemierzył Japonię w poszukiwaniu wiedzy o właściwościach i zastosowaniu metali.

CYTATY:

„Mamy tylko jedną przyszłość i będzie to przyszłość nakreślona przez nasze marzenia pod warunkiem, że podejmiemy wyzwanie".

„Jeśli teoria miałaby rozwijać kreatywność, wszyscy nauczyciele byliby wynalazcami".

ŹRÓDŁA I INSPIRACJE:

Mark Weston, Katie Yamasaki, *Honda: The boy who
Dreamed of Cars*, Lee & Low Books, 2014.

Masaaki Sato, *The Honda Myth: The Genius and His Wake*, Vertical, 2006.

Automobiles. Honda, Film Network USA Inc. we współpracy z The History Channel, 1996.

Historia firmy Honda: world.honda.com/history.

Biografia Sōichirō Hondy: http://astrumpeople.com/soichiro-honda-biography-a-great-history--of-japanese-car-manufacturer.

Biografia Sōichirō Hondy: http://www.notablebiographies.com/He-Ho/Honda-Soichiro.html.

Soichiro Honda, Auto Innovator, Is Dead at 84, „New York Times", https://www.nytimes.com/1991/08/06/world/soichiro-honda-auto-innovator-is-dead-at-84.html.

www.mojahonda.pl.

Honda Annual Report 2014: http://world.honda.com/investors/library/annual_report/2014/honda2014ar-all-e.pdf.

✳

Steve Jobs

(1955-2011)

**twórca firmy Apple,
która zrewolucjonizowała w ostatnich
40 latach rynki: komputerów osobistych,
przenośnych odtwarzaczy audio, telefonów**

Steve Jobs to postać pełna sprzeczności. Despotyczny szef, wizjoner, tytan pracy, genialny sprzedawca, perfekcjonista, który wyznaczył trendy na rynku komputerów i telefonów. Swoje piętno odcisnął nawet na sposobie, w jaki słuchamy muzyki. Stworzył firmę-ikonę będącą niedoścignionym wzorem w budowaniu wizerunku i społeczności wokół niej. W kontaktach interpersonalnych miał kłopoty ze zbudowaniem dobrych relacji z otoczeniem, często krzywdząc innych i nie licząc się z odmiennymi opiniami. Był ambitny i dumny, nieznoszący odmowy, umiejętnie manipulujący rzeczywistością i ludźmi w celu osiągnięcia celu. Można go było uwielbiać albo…

Steve Jobs był niechcianym owocem miłości syryjskiego muzułmanina oraz Amerykanki niemieckiego pochodzenia, którzy spotkali się na studiach na Uniwersytecie w Wisconsin. Biologiczni rodzice postanowili oddać go do adopcji. W ten sposób trafił do domu Paula i Clary Jobsów w Mountain View. Paul był mechanikiem i to z nim Steve spędzał długie godziny w garażu, ucząc się podstaw mechaniki. Steve był zdolnym uczniem, w pewnym momencie edukacji przeskoczył nawet dwie klasy, jednak był jednocześnie wielkim łobuzem. Doszło do tego, że w szkole był pod specjalnym nadzorem. Miał szczęście, trafił pod skrzydła nauczycielki, która potrafiła zainteresować go nauką. Elektronika i matematyka to były przedmioty, którym młody Jobs poświęcał najwięcej czasu.

Od najmłodszych lat lubił pracować: jako dzieciak roznosił gazety, w szkole średniej pracował jako sprzedawca w sklepie z akcesoriami elektronicznymi. Uczył się i pogłębiał tam swoją wiedzę na temat coraz bardziej skomplikowanych urządzeń. Wpadł wtedy na pomysł zarobienia dodatkowych pieniędzy. Na pchlim targu kupował stare, zepsute urządzenia elektroniczne, następnie wymontowywał to, co nadawało się do użycia, a potem… sprzedawał te części kierownikowi sklepu, w którym pracował! W wieku 15 lat kupił sobie pierwszy samochód. Mniej więcej w tym okresie rozpoczął też niestety swoje eksperymenty z narkotykami. Palił namiętnie marihuanę, a jako 17-latek zaczął brać LSD. Tak ujawniała się inna strona charakteru Steva: destrukcyjna i próbująca uporać się z problemem odrzucenia przez rodziców. Z tą częścią siebie walczył całe życie.

W szkole średniej Jobs poznał Steve'a Wozniaka, o kilka lat starszego inżyniera zafascynowanego komputerami. Razem skonstruowali urządzenie, dzięki któremu mogli za darmo korzystać z ulicznych aparatów telefonicznych. Tak zwane blue boxy sprzedawali – oczywiście za namową Jobsa, który miał smykałkę do biznesu – swoim bliższym i dalszym znajomym. W sumie sprzedali 100 urządzeń po 150 dolarów. Jak wspomina Steve, ten pierwszy sukces dał im pewność, że mogą osiągnąć wszystko – ich mała płytka z obwodem drukowanym mogła kontrolować ogromną strukturę telefoniczną na całym świecie! W 1973 roku rozpoczął studia na jednej z najlepszych i najdroższych uczelni w Stanach Zjednoczonych – Reed Collage w Portland. Umożliwili mu to rodzice, którzy w jego edukację inwestowali wszystkie oszczędności. Steve zrobił wtedy jedną z rzeczy, których wstydził się do końca życia – nie zgodził się, aby rodzice przyjechali na jego immatrykulację. Był to dla nich wielki cios, uszanowali jednak wolę syna. Niestety, Steve nie wytrwał długo na uczelni, zaledwie jeden semestr… Zajęcia go nie zaciekawiły. Oddał się studiowaniu buddyzmu, filozofii zen i narkotykom. Po pierwszym semestrze rzucił studia. Uczęszczał natomiast jako wolny słuchacz na te zajęcia, które go interesowały. Przez półtora roku na Reed Collage Jobs żył jak biedak: mieszkał w nieogrzewanym garażu, korzystał z darmowych obiadów dla biednych. Przez większość roku chodził boso, tylko zimą wkładał sandały. Aby zarobić pieniądze, konserwował sprzęt elektroniczny na uczelni. Brał w tym czasie sporo narkotyków, przede wszystkim LSD. Stwierdzenie, że czas spędzony w Reed Collage był hedonistyczną fanaberią byłoby nieuprawnione. Steve uważał, że mieszanka buddyzmu i LSD pomogła mu wejrzeć w głąb siebie i dowiedzieć się, co jest dla niego ważne. A ważne nie było dla niego robienie pieniędzy, lecz tworzenie wielkich rzeczy, które miały szanse przejść do historii.

W 1974 roku zdecydował się na powrót do domu. Znalazł pracę w firmie Atari, produkującej gry komputerowe. Nie był tam lubiany ze względu na swoją opryskliwość i bardzo dosadne opinie na temat kolegów z pracy. Był jednak bardzo dobrym pracownikiem, pełnym pomysłów i inwencji twórczej. W Atari usprawnił kilka gier i aktywnie uczestniczył w wielu projektach. Wiedział, że przykładając się do pracy i będąc aktywnym, zdobywa doświadczenie w projektowaniu i biznesie, które potem wykorzystał, startując z Apple. W 1976 roku wraz z Wozniakiem chodzili na spotkania Klubu Komputerowego. Na spotkaniach miejscowi konstruktorzy przedstawiali swoje pomysły. Coraz więcej mówiło się o komputerach osobistych i możliwości ich zastosowania w biznesie. Zainspirowany pracami członków klubu Wozniak skonstruował swój pierwszy komputer i zaprezentował go na spotkaniu w klubie. Wszyscy byli nim zafascynowani, łącznie z Jobsem. Wozniak jako idealista chciał wszystkim udostępnić szczegóły konstrukcyjne i ujawnić pomysły wykorzystane przy budowie komputera, jednak Jobs ze swoją smykałką do biznesu chciał założyć firmę i sprzedawać komputer Wozniaka.

Dzięki swoim umiejętnościom wpływania na innych Jobs przekonał Wozniaka do swojej koncepcji. „Potraktuj to jako dobrą zabawę. Nawet jeśli nie zarobimy, będziemy mieli swoją firmą, a sam ten fakt jest już ekscytujący" – przekonywał. 1 kwietnia 1976 roku powstała firma Apple.

W garażu rodzinnego domu Jobsa rozpoczęła się chałupnicza produkcja komputerów. Aby zdobyć fundusze na zakup podzespołów Jobs sprzedał swój samochód, a Wozniak bardzo drogi w tamtych czasach kalkulator HP. W pierwszym roku działalności sprzedali 50 komputerów sieci Byte Shop. Apple I, bo tak nazywał się pierwszy komputer Wozniaka i Jobsa, nie był komputerem w dzisiejszym rozumieniu. Była to płyta z układem scalonym bez zasilacza, obudowy, monitora i klawiatury. Tak naprawdę była to propozycja dla komputerowców amatorów, którzy samodzielnie musieli złożyć sobie cały zestaw. Nastawiony na zaspokajanie potrzeb klienta Jobs zrozumiał, że nie tędy droga. Jego zdaniem Apple powinna produkować sprzęt dla zwykłych ludzi, czyli w pełni wyposażony w klawiaturę i monitor, który wymagałby tylko podłączenia do prądu. Taki miał być właśnie Apple II. Jego premiera miała miejsce w 1977 roku na Targach Komputerowych Zachodniego Wybrzeża w San Francisco.

Jobs zadbał o to, aby stanowisko wystawowe Apple było bezkonkurencyjne. Wiedział bowiem, że sam produkt nie wystarczy, potrzebne będzie „mocne wejście", dzięki któremu klienci i kontrahenci zwrócą uwagę na ich firmę i produkt. „Każdy szczegół jest ważny" – mówił. Produkt i perfekcja jego wykonania stały się obsesją Jobsa, który dbał o każdy szczegół projektu. Firma sprzedała przez 16 lat sześć milionów egzemplarzy komputera Apple II w różnych wersjach. Komputer ten był tak innowacyjny, a jednocześnie przyjazny dla użytkowników, że odmienił na zawsze rynek komputerów osobistych. Dzięki swojej determinacji, bezkompromisowości przy projektowaniu i przebojowości przy prezentacji Apple II Jobs zapewnił sukces temu przedsięwzięciu. Niestety, nie udało się wprowadzenie na rynek w 1980 roku następcy genialnej „dwójki", czyli Apple III. Jobs w pewnym momencie stracił serce do tego projektu i poszukiwał już innych, ciekawszych jego zdaniem rozwiązań. To go właśnie charakteryzowało – był zawsze o krok przed innymi. Gdy informatycy pracowali nad „trójką", on już miał dwa inne zespoły do dwóch kolejnych projektów. Jednym z nich była Lisa, a drugim projekt stworzenia komputera dla mas, znanego później jako Macintosh.

Jobs całkowicie poświęcał się swoim obowiązkom zawodowym. Zawsze musiało dziać się coś związanego z nowymi projektami. Nienawidził przestojów, a już tylko zwolnienie prac doprowadzało go do szału. Tego samego podejścia wymagał od ludzi. Często wywierał tak wielką presję na swoich podwładnych, że nie wytrzymywali tego psychicznie. Przy pracach nad komputerem Lisa z całą mocą ujawnił się trudny charakter Steve'a. Niesprawiedliwe traktowanie ludzi, zwalnianie z pracy za powiedzenie, że czegoś nie da się zrobić w założonym przez niego, często nierealnym terminie, manipulacje pracownikami. Odsunięty w końcu od Lisy znalazł sobie przystań w zespole Macintosha, jednak na krótko, bowiem szybko udało mu się zantagonizować obie grupy, wprowadzając między zespołami Lisy i Macintosha niezdrową rywalizację. W końcu miarka się przebrała i Jobsa odsunięto najpierw od spraw bieżących, proponując jedynie funkcję prezesa zarządu bez wpływu na sprawy operacyjne, a potem zaproponowano odejście z Apple. Jobs bardzo mocno to przeżył jednak pozbierał się i w roku 1985 założył firmę NEXT, w której zajął się budową stacji roboczej – potężnego komputera, który chciał sprzedawać uczelniom wyższym. Niestety, mimo zainwestowania ogromnych pieniędzy efekt projektu był mizerny. Komputer miał zbyt małą możliwość obliczeniową w stosunku do ceny, a jego sprzedaż zakończyła się klapą. Rok 1997 to powrót Jobsa do Apple. Firma przeżywała trudne czasy (Macintosh nie sprzedawał się tak dobrze, jak kilka lat wcześniej, nie było nowych pomysłów na rozwój) i wszystkim wydawało się, że tylko Steve dzięki swojej charyzmie i umiejętnościom może uratować własne dziecko. Znany z umiejętności podejmowania szybkich i trudnych decyzji Jobs od razu pozamykał projekty, które były nierentowne i nie rokowały na przyszłość. Zmuszony był przy tym do zwolnienia 3000 osób. „Musiałem to zrobić" – tłumaczył w jednym z wywiadów. „Gdy przyszedłem do Apple, od bankructwa dzieliło nas tylko 90 dni!".

Po opanowaniu sytuacji Jobs wyznaczył strategię na kolejne lata. Jego zdaniem Apple potrzebowało zaledwie czterech linii produktów komputerowych: dwóch dla odbiorcy indywidualnego i dwóch dla biznesowego. W każdej linii miał być jeden komputer stacjonarny i jeden laptop. Jak pokazały kolejne lata, pomysł był świetny. Jobs, jak nikt inny, potrafił wejść w rolę klienta i zrozumieć, czego chcą ludzie. Wiedział, że jego urządzenia powinny być proste w obsłudze jak toster, a przy tym piękne. Komputery nowej generacji iMac były kolorowe i po prostu znakomicie zaprojektowane. Wyróżniały się na tle szaroburej konkurencji. Oczywiście Jobs nad wszystkim czuwał osobiście. Samo zatwierdzanie kolorów obudów komputerów trwało w Apple kilka miesięcy, gdy w innych firmach zajmowało kilka dni.

Po iMacu przyszła pora na iPoda wraz z serwisem muzycznym w sieci, czyli iTunes. Tajemnicą Jobsa pozostanie, w jaki sposób namówił szefów wielkich wytwórni płytowych, aby zgodzili się na sprzedaż swoich utworów muzycznych w Internecie. Kolejne premiery to wprowadzenie na rynek urządzeń z dotykowymi wyświetlaczami: iPada (tablet) oraz iPhona (smartfon). Ten ostatni zrewolucjonizował na zawsze rynek telefonów komórkowych.

W 1991 roku Jobs ożenił się z Laurene Powell i miał z nią trójkę dzieci: syna Reeda oraz córki Erin i Eve. Steve mimo swej obsesji na punkcie pracy i trudnego charakteru starał się być dobrym ojcem dla całej trójki, choć najlepszy kontakt miał z synem. Spędzali wspólnie wiele czasu. Kiedy u Steve'a zdiagnozowano raka trzustki, powiedział, że chce zobaczyć, jak syn kończy szkołę. Udało się. Steve zmarł 5 października 2011 roku w swoim domu w Palo Alto w otoczeniu najbliższych.

Steve Jobs był twórczym, pomysłowym biznesmenem, niebojącym się ryzyka. Zawsze podnosił się po porażkach, a w decydujących momentach życia potrafił położyć na szalę całą swoją karierę. Prywatnie był brutalnie szczery i nie przejmował się innymi. Zrażał tym do siebie wiele osób, ale taki już pozostał: bezkompromisowy. Potrafił niszczyć ludzi słabszych psychicznie. Potrafił jednak także z ludzi, którymi się otaczał, jak i z siebie samego wydobyć to, co najlepsze. Tym, którzy umieli z nim pracować, pomagał przekraczać granice oraz osiągać to, co nieosiągalne. Udawało mu się to dzięki tytanicznej pracy, do której zawsze był gotowy, ciągłej nauce oraz wierze w swoje możliwości. Wierzył w ogromny potencjał jednostki. Wierzył, że ludzka wola może zmienić rzeczywistość i tylko od nas zależy, dokąd dojdziemy i co osiągniemy. Trzeba tylko trzymać się wyznawanych wartości i nie zbaczać z kursu.

KALENDARIUM:

24 lutego 1955 – narodziny Steve'a w San Francisco; oddanego do adopcji chłopca adoptują Paul i Clara Jobs

1960 – państwo Jobs przeprowadzają się do Mountain View w Dolinie Krzemowej

1968 – Steve dostaje pierwszą wakacyjną pracę przy taśmie w Hawlett Packard

1969 – Jobs poznaje Steve'a Wozniaka, inżyniera zafascynowanego komputerami

1972 – Jobs i Wozniak konstruują urządzenia do
darmowego korzystania z telefonów ulicznych; rozpoczynają chałupniczą produkcję
i sprzedają 100 sztuk po 150 dolarów każda

1973 – Steve rozpoczyna studia na Reed Collage
w Portland, jednak po pierwszym semestrze
rezygnuje i chodzi jako wolny słuchacz na
wybrane, interesujące go zajęcia

1974 – wraca ze studiów i pracuje kilka miesięcy
w Atari nad grami komputerowymi

1974 – wyrusza w 7-miesięczną podróż do Indii
w poszukiwaniu swojego „wewnętrznego ja",
zafascynowany buddyzmem i filozofią zen

1 kwietnia 1976 – powstaje firma Apple, a Jobs z Wozniakiem rozpoczynają w garażu domu rodziny
Steve'a produkcję komputera Apple I; sprzedają 50 egzemplarzy sieci sklepów Byte Shop

1977 – premiera komputera Apple II, który okazuje
się wielkim przebojem, zapewniając bogactwo jego twórcom; w ciągu 16 lat sprzedaje
się prawie 6 milionów sztuk

1978 – na świat przychodzi Lisa, córka Jobsa z nieformalnego związku z Chris-Ann Brennan; Steve nie przyznaje się do ojcostwa; córkę uznaje dopiero po wielu latach.

1980 – na rynku debiutuje Apple III, jednak ten komputer okazuje się wielką klapą

1983 – premierę ma kolejne przedsięwzięcie Apple: komputer Lisa; sam Steve Jobs krytykuje publicznie Lisę, co nie wróży dobrze sprzedaży; premiera komputera przechodzi bez echa

1986 – Steve zostaje zmuszony do odejścia z Apple; otwiera nową firmę NEXT; próbuje sprzedawać wydajny komputer dla uczelni wyższych, ale nie cieszy się on zainteresowaniem; Jobs odnotowuje kolejne niepowodzenie

1986 – kupuje udziały w studiu Pixar produkującym filmy animowane, na którym w perspektywie 10 lat zaribi ponad miliard dolarów

1987 – powrót Steve'a do mającego kłopoty finansowe Apple

1991 – Steve żeni się z Laurene Pawell, z którą potem ma trójkę dzieci: Reeda, Erin i Eve

2003 – Apple otwiera słynny sklep z muzyką online, iTunes; projekt rewolucjonizuje rynek muzyczny w USA, gdyż ludzie za niewielką opłatą mogą kupować pojedyncze, ulubione piosenki z sieci

2003 – Jobs dowiaduje się, że ma raka trzustki, zwleka jednak 9 miesięcy z podjęciem terapii

2007 – premiera iPhone'a, telefonu, który designem i dostępnymi funkcjami wywrócił do góry nogami rynek telefonii komórkowej na całym świecie

2010 – Jobs prezentuje iPada, pierwszy tablet w historii

24 października 2011 – Steve umiera w swoim domu w Palo Alto w otoczeniu najbliższych

CIEKAWOSTKI:

- Jako 13-latek Steve zapisał się do Klubu Odkrywców, gdzie młodzi ludzie konstruowali pierwsze urządzenia elektroniczne i prezentowali swoje wynalazki. Budując miernik częstotliwości, nie mógł nigdzie dostać kilku części do swojego urządzenia. Wtedy po raz pierwszy ujawnił się jego uparty charakter i determinacja w dążeniu do celu, jaki sobie wyznaczył. Zadzwonił do domu dyrektora firmy Hawlett Packard, która produkowała potrzebne mu elementy. Po 20 minutach rozmowy nie tylko załatwił sobie części do miernika, ale też wakacyjną pracę w HP.

- Czasy Jobsa w szkole podstawowej to pasmo nieprzerwanych żartów i kawałów. Pewnego razu na szkolnych korytarzach wywiesił ogłoszenie: „Przyjdź do szkoły ze swoim pupilem". Następnego dnia po korytarzach biegały psy i koty. Innym razem namówił kolegów, aby podali mu kombinację cyfr do zapięć w swoich rowerach. Steve pozamieniał szyfry w blokadach i nikt nie mógł odpiąć swojego roweru! Do jego najsłynniejszych numerów należało podłożenie małego ładunku wybuchowego pod krzesłem jednej z nauczycielek. Kobieta w wyniki eksplozji nabawiła się tiku nerwowego. Po tym zdarzeniu Steve znalazł się pod specjalnym nadzorem w szkole.

- Jobs przez większość swojego życia stosował przeróżne diety: wegetariańską, wegańską, a nawet frutariańską. Potrafił całymi tygodniami jeść tylko owoce. Był utrapieniem dla swoich współlokatorów i współpracowników, ponieważ bardzo rzadko się kąpał. Uważał, że jego ciało odżywiane w „zdrowy" sposób nie poci się i nie wydziela żadnych zapachów! Przez to na przykład w firmie Atari pracował tylko na nocne zmiany, bo nikt nie mógł wytrzymać smrodu, jaki mu towarzyszył.

- Pracując w połowie lat 70. w Atari, do stworzenia gry komputerowej w ping-ponga zaangażował swojego kumpla Steve'a Wozniaka, którego tak zmobilizował do pracy, a wręcz natchnął, że ten zaprojektował grę w cztery dni, podczas gdy normalnie praca nad nią trwałaby kilka tygodni! Jobs wierzył, że ludzka wola może zmieniać rzeczywistość i tę wiarę przekazał Wozniakowi. Jak wspomina wielu ludzi z otoczenia Jobsa, potrafił on „zniekształcać rzeczywistość", aby osiągnąć to, co chciał. Miał prostą receptę na sukces: „Jeśli zachowujesz się tak, jakbyś potrafił coś zrobić, to wtedy się uda". Nawet gdy nie był pewny osiągnięcia celu (oczywiście przed nikim się do tego nie przyznawał), robił wszystko w taki sposób, jakby tę pewność miał.

- Jobs miał obsesję na punkcie jakości produktu. Całymi miesiącami trwały prace i dyskusje nad najdrobniejszymi szczegółami komputerów Apple. Na przykład, gdy doszło do wyboru koloru obudowy komputera Apple II, Steve'owi przedstawiono dwa tysiące odcieni beżu, jednak żaden z nich mu nie odpowiadał. W końcu udało się go przekonać do wyboru jednego z nich, bo już sam chciał zająć się projektowaniem wymarzonego koloru. Podobnie było z zaokrągleniami kantów w komputerach Apple. Steve potrafił godzinami wpatrywać się w obudowy i szukać idealnego promienia. Znacznie spowalniało to pracę, lecz kiedy produkty Apple ukazywały się, były kwintesencją perfekcji w każdym aspekcie. Jobs dbał nawet o to, aby ładnie wyglądały płytki z układami scalonymi pod nieotwieralną obudową!

- W 1980 roku Apple weszło na giełdę, a Jobs szukał dyrektora zarządzającego, który wprowadziłby firmę w kolejną dekadę. Jego wybór padł na szefa Pepsico Johna Sculleya. To właśnie w jednej z rozmów obu biznesmenów Jobs wypowiedział słynne zdanie: „Chcesz zmieniać świat, czy do końca życia sprzedawać słodzoną wodę?". Sculley wolał zmieniać świat. Jednak po kilku latach szorstkiej przyjaźni drogi obu biznesmenów rozeszły się.

- Mimo że był dzieckiem, którego rodzice oddali do adopcji, Jobs w wieku 23 lat sam wyparł się swojej córki Lisy, która narodziła się ze związku z Chris-Ann Brennan. Zaprzeczał swojemu ojcostwu nawet, gdy po badaniach DNA okazało się, że prawdopodobieństwo, iż jest ojcem wynosi ponad 94 procent. W końcu, po latach uznał córkę, która systematycznie go później odwiedzała, a w czasie nauki w liceum mieszkała nawet z nim i jego rodziną przez 4 lata. Nigdy jednak nie udało im się zbudować prawdziwie dobrych relacji.

- W 1985 roku Jobs kupił za 10 milionów dolarów 70 procent udziałów w studiu animacji komputerowych Pixar należącym do George'a Lucasa. W studiu nakręcono kilka filmów animowanych, a najbardziej znanym z nich był *Toy story*. Produkcja ta dostała Oskara. Gdy w 1995 roku wartość notowanego na giełdzie studia poszła w górę, akcje Jobsa były warte 1,5 miliarda dolarów!

- tym, że ma raka trzustki, Jobs dowiedział się w 2003 roku. Jak zwykł czynić w takich sytuacjach, nie przyjął do wiadomości niechcianej informacji i bagatelizował poważny stan swojego zdrowia. Zwlekał przez wiele miesięcy z rozpoczęciem terapii lekarskiej, gdyż najpierw chciał leczyć się swoimi dietami. Zdania lekarzy są podzielone, lecz wielu z nich uważa, że opóźnienie interwencji medycznych spowodowało szybszy i bardziej agresywny rozwój choroby, którego nie dało się już cofnąć.

- Aby prześcignąć konkurencję nie tylko pod względem designu i technologii, ale także pod kątem wiarygodności firmy i zabezpieczenia interesów klientów, Jobs zdecydował się na roczną gwarancję komputera Apple II, gdy tymczasem konkurenci proponowali zaledwie gwarancje 90-dniowe. To był kolejny element, który przyciągał klientów do produktów Apple.

CYTATY:

„Pozostań nienasycony, pozostań nierozsądny".

„Lepiej być piratem, niż wstąpić do marynarki".

„Oglądając telewizję, wyłączasz mózg, a gdy chcesz go włączyć, to pracujesz na swoim komputerze".

„My nigdy nie wstydziliśmy się kradzieży świetnych pomysłów".

„Wierzę, że ludzka wola może zmieniać rzeczywistość".

„Nie zależy mi na tym, by zostać najbogatszym

człowiekiem na cmentarzu. Pójść spać, mogąc powiedzieć, że zrobiło się coś cudownego – to jest dla mnie ważne".

„Wasz czas jest ograniczony, więc nie marnujcie go, żyjąc cudzym życiem".

„Ludzie wystarczająco szaleni, by sądzić, że mogą zmienić świat, są tymi, którzy go zmieniają".

ŹRÓDŁA I INSPIRACJE:

Strona anglojęzyczna All about Steve Jobs: http://al-laboutstevejobs.com.
Biografia Steve'a Jobsa na stronie zapowiadającej premierę filmu *Steve Jobs*: http://www.spidersweb.pl/2015/11/steve-jobs.html
Walter Isaacson, *Steve Jobs*, Insignis, 2011.

✹

Zakończenie

Każdy z nas jest niepowtarzalny i wyjątkowy. Sylwetki 10 samouków przedsiębiorców pokazują, że człowiek jest w stanie osiągnąć niewiarygodne cele życiowe, jeśli będzie potrafił marzyć, wystarczy mu determinacji i twórczej radości z działania. Szkoda, że typowa szkoła, z którą najczęściej mamy do czynienia, do tego nie przygotowuje. Programy oderwane od rzeczywistości, dehumanizacja treści nauczania, założenie, że wszystkie dzieci w tym samym czasie muszą posiąść tę samą wiedzę i zdobyć te same umiejętności utrudniają tylko faktyczny rozwój. Kiedyś można było to uzasadnić brakiem innego powszechnego dostępu do wiedzy. Dziś jednak zapewnia go Internet. Postęp we wszystkich dziedzinach jest tak znaczny, że wiedza się dezaktualizuje, zanim trafi do programów szkolnych i podręczników. Ich twórcy nie bardzo potrafią odpowiedzieć na pytanie, dlaczego akurat taki, a nie inny fragment wiedzy mają poznawać uczniowie. I dlaczego nadal, mimo pozornych zmian, mają się uczyć metodami bardzo zbliżonymi do tych stosowanych w całym poprzednim stuleciu.

W niektórych krajach zrozumiano, że nauka powinna wyglądać zupełnie inaczej. Przykładem może być Finlandia. W tej chwili fińscy uczniowie wypadają najlepiej na świecie w pomiarach przyrostu wiedzy, mimo że na naukę poświęcają znacznie mniej czasu niż dzieci w innych krajach. Wdrożono tam siedem zasad wspomagających rozwój. Obowiązuje równość szkół, rodziców, nauczycieli, praw dorosłych i dzieci, przedmiotów, a przede wszystkim uczniów. Nie wolno porównywać żadnego ucznia z innym, bo porównywanie dzieli. Zasadą jest integracja. Każdy uczeń jest więc tak samo dobry, każdy ma tę samą wartość. Uczniom zapewnia się nie tylko bezpłatną naukę i transport do szkoły, ale i darmowe posiłki oraz wyposażenie. Do każdego ucznia podchodzi się indywidualnie. Program jest ten sam, podobny materiał, ale o różnym stopniu trudności. Oceniany jest w porównaniu do tego, co potrafił wczoraj, jednak jeśli nie zrobi postępu, nikomu to nie przeszkadza. Jest jednak coś jeszcze ważniejszego, coś, co zapewne pomogłoby opisywanym przez nas samoukom uniknąć wielu błędów. Szkoły fińskie przygotowują do życia (w przeciwieństwie do systemów, które przygotowują do zdawania egzaminów). Uczą wartości pieniądza, wiedzy na temat obowiązujących podatków czy praw obywatela. Uczniom się ufa, wierzy się, że każdy z nich potrafi dobrze wybrać, a więc jeśli nie chce czegoś zrobić, może wybrać temat, który interesuje go bardziej, albo na przykład czytać książkę. Ufa się też nauczycielom, którzy mają bardzo dużą swobodę w wyborze sposób nauczania. Czy uczeń w takich warunkach chce się uczyć, czy też nie – zostawia się jego wyborowi. Jeśli woli, zdobywa praktyczny zawód, nie musi tkwić latami w szkole, jeśli nie jest to zgodne z jego pomysłem na życie lub zdolnościami. Nie musi się też wstydzić powtarzania roku, bo nie jest to traktowane jak coś złego. Młodzi ludzie nie muszą wkuwać na pamięć regułek, mają się nauczyć rozwiązywania problemów na bazie wiedzy odnajdywanej w książkach lub Internecie. Najważniejszy jest cel: przygotować młodego człowieka do udanego życia, w którym nie będzie zależny od innych.

Trochę czuć w tym ducha szkół Montessori, których ideą jest podążanie za dzieckiem, tak by mogło rozwijać się zgodnie ze swymi potrzebami, by pozostało twórcze i radosne oraz przeniosło te cechy w dorosłe życie. To na razie brzmi utopijnie, ale skoro już są szkoły, a nawet całe państwa, które potrafią uczyć zgodnie z tymi zasadami, być może kiedyś powszechny będzie system szkolny, w którym każdy będzie „samoukiem", będzie rozwijał się na miarę swoich potrzeb, by w przyszłości realizować swoje własne cele, harmonijnie rozwijając wszystkie sfery życia: osobistą, rodzinną i zawodową, i pamiętając o tym, że najważniejsze są wartości duchowe. One bowiem pozwalają dostrzegać potrzeby drugiego człowieka, kształtować dobre relacje w rodzinie i prowadzić sprawiedliwy biznes.

Dodatek 1

Inspirujące cytaty

Wydaje mi się, że od dziecka miałem w sobie ciekawość świata i ludzi. Świadomie zacząłem prowadzić obserwacje i notować spostrzeżenia mniej więcej w piętnastym roku życia, kiedy wyprowadziłem się z domu rodzinnego do szkoły z internatem. Wtedy kupiłem pierwszy zeszyt do notowania moich przemyśleń. Teraz takich zeszytów mam całe mnóstwo. Często zapisywałem w nich inspirujące cytaty, których bogate źródło znalazłem w Biblii, a także w biografiach słynnych ludzi: odkrywców, wynalazców, naukowców i artystów. Najbliższe są mi te, które dotyczą sfery duchowej człowieka. Pomagały mi odkrywać prawdę o świecie i sensie życia. Wielokrotnie do nich wracam.

Na tej podstawie wyciągam wnioski i stawiam kolejne pytania, by uzyskać pełniejszy obraz sytuacji i wytyczać dalsze kierunki rozwoju. Zachęcam Cię do zapoznania się z 179 wybranymi cytatami które moim zdaniem uczą bycia mądrym.

JOHN QUINCY ADAMS

Jeśli twoja aktywność inspiruje innych, by więcej marzyć, więcej się uczyć, więcej działać i stawać się kimś więcej, to jesteś liderem. Odwaga i wytrwałość są magicznymi talizmanami, przed którymi trudności znikają, a przeszkody rozpływają się w powietrzu.

JAKUB ALBERION

Znajdujesz to, czego szukasz, umyka Ci to, co zaniedbujesz.

ARCHIMEDES

Dajcie mi odpowiednio długą dźwignię i wystarczająco mocną podporę, a sam jeden poruszę cały glob.

Arystoteles

Cnotę widać wyraźniej w czynach niż w ich braku. Przyjemność życia jest przyjemnością płynącą z ćwiczenia duszy; to jest bowiem prawdziwe życie. Staraj się żyć dobrze, czerp z życia zadowolenie. Jeśli jesteś mądry, a nie wątpię, że jesteś, nie goń za dobrami materialnymi. To marność! Dąż do doskonałości we wszystkim! Szczęśliwy jest ten, kto dobrze żyje i komu dobrze się dzieje.

Mary Kay Ash

Dasz sobie radę!

Augustyn

Nie wychodź na świat, wróć do siebie samego: we wnętrzu człowieka mieszka prawda.

Jane Austen

Taki powinien być młody człowiek. Obojętnie, czym by się nie zajmował, jego zapał nie powinien znać umiaru, a on sam zmęczenia.

Kenny Ausubel

Używaj swoich zdolności, jakiekolwiek są.

Richard Bach

Obstawaj przy swoich ograniczeniach, a z pewnością staną się częścią Ciebie samego.

Robert Baden-Powell

Nie chodzi o to, byśmy osiągnęli nasze najwyższe ideały, lecz o to, aby były one naprawdę wysokie.

Honoriusz Balzak

Prawdziwe szczęście jest rzeczą wysiłku, odwagi i pracy.

Tristan Bernard

Jeśli jesteś dobrą piłką, to im silniej Cię uderzą, tym wyżej się wzniesiesz.

Biblia (Dz 20:35):

Więcej szczęścia jest w dawaniu aniżeli w braniu.

Biblia (Flp 4:8):

W końcu, bracia, wszystko, co jest prawdziwe, co godne, co sprawiedliwe, co czyste, co miłe, co zasługuje na uznanie: jeśli jest jakąś cnotą i czynem chwalebnym – to miejcie na myśli.

Biblia (Ga 6:9):

W czynieniu dobra nie ustawajmy, bo gdy pora nadejdzie, będziemy zbierać plony, o ile w pracy nie ustaniemy.

Biblia (Hbr 11:1–10):

Wiara jest poręką tych dóbr, których się spodziewamy, dowodem tych rzeczywistości, których nie widzimy.

Biblia (Łk 14:28):

Kto z Was, chcąc zbudować wieżę, nie usiądzie wpierw i nie obliczy wy datków, czy ma na jej wykończenie.

Biblia (Mt 17:20):

Jeśli będziecie mieć wiarę jak ziarnko gorczycy, powiecie tej górze: „Przesuń się stąd tam!", a przesunie się. I nic niemożliwego nie będzie dla Was.

Biblia (Prz 12:18):

Język mądrych jest lekarstwem.

Biblia (Prz 16:23–24):

Od serca mądrego i usta mądrzeją, przezorność na wargach się mnoży. Dobre słowa są plastrem miodu, słodyczą dla gardła, lekiem dla ciała.

Biblia (Prz 17:22):

Radość serca wychodzi na zdrowie, duch przygnębiony wysusza kości.

Biblia (Psalm I ks. I Dwie drogi życia):

Szczęśliwy mąż, który nie idzie za radą występnych, nie wchodzi na drogę grzeszników i nie siada w kole szyderców, lecz ma upodobanie w prawie Pana, nad jego prawem rozmyśla dniem i nocą. Jest on jak drzewo zasadzone nad płynącą wodą, które wydaje owoc w swoim czasie, a liście jego nie więdną: co uczyni, pomyślnie wypada.

Biblia (Rz 12:15,16):

Weselcie się z tymi, którzy się weselą. Płaczcie z tymi, którzy płaczą. Bądźcie zgodni we wzajemnych uczuciach.

Biblia (Prz 15:14):

Serce rozważne szuka mądrości.

Napoleon Bonaparte

Tak samo jak pojedynczy krok nie tworzy ścieżki na ziemi, tak pojedyncza myśl nie stworzy ścieżki w Twoim umyśle. Prawdziwa ścieżka powstaje, gdy chodzimy po niej wielokrotnie. Aby stworzyć głęboką ścieżkę mentalną, potrzebne jest wielokrotne powtarzanie myśli, które mają zdominować nasze życie.

Phil Bosmans

Dziecko jest chodzącym cudem. Jedynym, wyjątkowym, niezastąpionym. Uzdrowić człowieka oznacza oddać mu utraconą odwagę.

Wykorzystaj dzień dzisiejszy. Obiema rękoma obejmij go. Przyjmij ochoczo, co niesie ze sobą: światło, powietrze i życie, jego uśmiech, płacz i cały cud tego dnia. Wyjdź mu naprzeciw.

Nathaniel Branden

Jeżeli żyjemy świadomie, nie wyobrażamy sobie, że nasze odczucia nieomylnie wskazują prawdę.

Pearl Buck

Są ludzie, którzy nie zauważają małego szczęścia, ponieważ daremnie czekają na duże.

Orson Scott Card

Co innego słyszeć, a co innego słuchać…

Dale Carnegie

Szczęście nie przychodzi z zewnątrz. Zależy od tego, co jest w nas samych. Większość rzeczy na tym świecie stworzona została przez ludzi, którzy wytrwali, gdy zdawało się, że nie ma już nadziei.

Winston Churchill

Ciągłe podejmowanie wysiłku, a nie siła czy inteligencja, jest kluczem do wyzwolenia naszego potencjału. Jestem optymistą. Bycie kimkolwiek innym nie wydaje się do czegokolwiek przydatne.

Nigdy, nigdy, nigdy się nie poddawaj.

Pesymista szuka przeciwności w każdej okazji. Optymista widzi okazję w każdej przeciwności.

Sukces polega na tym, by iść od porażki do porażki, nie tracąc entuzjazmu.

Arthur Charles Clarke

Jedyny sposób, by odkryć granice możliwości, to przekroczyć je i sięgnąć po niemożliwe.

Paulo Coelho

Emocje są jak dzikie konie i potrzeba wielkiej mądrości, by je okiełznać.

Świat należy do ludzi, którzy mają odwagę marzyć i ryzykować, aby spełniać swoje marzenia. I starają się robić to jak najlepiej.

Odważni są zawsze uparci.

To możliwość spełnienia marzeń sprawia, że życie jest tak fascynujące.

Tylko jedno może unicestwić marzenie. Strach przed porażką.

John Calvin Coolidge

Nic na świecie nie zastąpi wytrwałości. Nie zastąpi jej talent – nie ma nic powszechniejszego niż ludzie utalentowani, którzy nie odnoszą sukcesów. Nie uczyni niczego sam geniusz – nienagradzany geniusz to już prawie przysłowie. Nie uczyni niczego też samo wykształcenie – świat jest pełen ludzi wykształconych, o których zapomniano. Tylko wytrwałość i determinacja są wszechmocne.

John Cummuta

Kiedy poddasz się swojej wizji, sukces zaczyna Cię gonić.

Antoni Czechow

Człowiek jest tym, w co wierzy.

Chris Darimont

Duża część postępu w nauce była możliwa dzięki ludziom niezależnym lub myślącym nieco inaczej.

Maria Dąbrowska

Pismo i sztuka to jedyni świadkowie czasów.

Margaret Deland

Trzeba czegoś pragnąć, żeby żyć.

Benjamin Disraeli

Największym szczęściem jest poczucie sensu życia.

John Dryden

Najpierw sami tworzymy własne nawyki, potem nawyki tworzą nas.

Marie Ebner-Eschenbach

Zrozumienie sięga często dalej niż rozum.

Thomas Edison

Gdybyśmy robili wszystkie rzeczy, które jesteśmy w stanie zrobić, wprawilibyśmy się w ogromne zdumienie.

Największą słabością jest poddawanie się. Najpewniejszą drogą do sukcesu jest próbowanie po prostu jeszcze jeden raz.

Nie poniosłem porażki. Po prostu odkryłem dziesięć tysięcy błędnych rozwiązań!

Pewnego dnia zaprzęgniemy do pracy przypływy i odpływy, uwięzimy promienie słońca.

ALBERT EINSTEIN

Dobro człowieka musi zawsze stanowić najważniejszy cel wszelkiego postępu technicznego.

Najpiękniejsza rzecz, jakiej możemy doświadczyć, to oczarowanie tajemnicą.

Nie staraj się być człowiekiem sukcesu, lecz człowiekiem wartościowym.

Nigdy nie trać świętej ciekawości. Kto nie potrafi pytać, nie potrafi żyć.

Osobowość kształtuje się nie poprzez piękne słowa, lecz pracą i własnym wysiłkiem.

Ważne jest, by nigdy nie przestać pytać. Ciekawość nie istnieje bez przyczyny.

Życie można przeżyć na dwa sposoby: albo tak, jakby nic nie było cudem, albo tak, jakby cudem było wszystko.

Ralph Waldo Emerson

Bohater nie jest odważniejszy od zwykłego człowieka, ale jest odważny pięć minut dłużej.

By nakreślić kurs działania i zrealizować go do końca, potrzeba Ci odwagi żołnierza.

Prawdziwa siła zrozumienia polega na niedopuszczeniu do tego, by coś, czego nie wiemy, krępowało to, co wiemy.

Epikur

Chcesz być szczęśliwy? Czytaj księgi! Poznawaj poglądy mądrych tego świata! Doceniaj piękno! Ciesz się każdą chwilą bez cierpienia!

Nie ma życia przyjemnego, które by nie było rozumne, moralnie podniosłe i sprawiedliwe, ani też życia rozumnego, moralnie podniosłego i sprawiedliwego, które by nie było przyjemne.

Nie można żyć szczęśliwie, nie żyjąc godnie, moralnie i uczciwie.

Michael Faraday

Nic nie jest zbyt piękne, aby mogło być prawdziwe.

Alexander Fleming

Narodziny nowego poprzedza zazwyczaj jakieś banalne wydarzenie. Newton spostrzegł spadające jabłko, James Watt zaobserwował, jak woda kipi w kociołku, Roentgenowi zmętniała klisza fotograficzna. Ale wszyscy ci ludzie mieli wiedzę tak rozległą, że umieli z banalnych zdarzeń wycią-gnąć rewelacyjne wnioski.

Raoul Follereau

Na co się przydaje wiedza, jeśli nie służy człowiekowi?

Henry Ford

Nie ma rzeczy niemożliwych, są tylko te trudniejsze do wykonania.

Terry Fox

To drożdże, dzięki którym nadzieje wznoszą się do gwiazd. Entuzjazm jest błyskiem oka, sprężystością kroku, uściskiem dłoni, nieodpartym przepływem woli i energii potrzebnej do realizacji najśmielszych pomysłów. Entuzjaści to wojownicy, których cechuje hart ducha i trwałe wartości. Entuzjazm stanowi podstawę postępu. Dzięki niemu możliwe są osiągnięcia, bez niego pozostaje tylko alibi.

Anatol France

Marzenia możesz zrealizować, jeśli tylko spróbujesz to zrobić.

Aby osiągnąć wspaniałe rzeczy musimy marzyć tak samo dobrze, jak działać.

By dokonać wielkich dzieł, powinniśmy nie tylko planować, ale również wierzyć.

W miarę jak się starzejemy, odkrywamy, że najrzadsza jest odwaga myślenia.

Benjamin Franklin

Silny jest ten, kto potrafi przezwyciężyć swe szkodliwe przyzwyczajenia.

Anna Freud

Siły i wiary w siebie poszukiwałam zawsze gdzieś poza sobą, a one pochodzą z mojego wnętrza. Cały czas są we mnie.

Erich Fromm

Szczęście to coś, co każdy z nas musi wypracować dla samego siebie.

Gail Godwin

Nikt z nas nie staje się kimś nagle, w jeden dzień. Przygotowania do tego trwają przez całe nasze życie.

Johann Wolfgang Goethe

Biorąc pod uwagę wszystkie akty tworzenia, odkrywa się jedną elemen-tarną prawdę: gdy się czemuś prawdziwie poświęcamy, wspiera nas Opatrzność.

Człowiek, który zyska i zachowa władzę nad sobą, dokona rzeczy największych i najtrudniejszych.

Myślenie jest ważniejsze niż wiedza, ale nie ważniejsze niż obserwacja.

Potykając się, można zajść daleko, nie wolno tylko upaść i nie podnieść się.

Mikołaj Gogol

Trzeba mieć w sobie wiele miłości, aby nasza krytyka skierowana przeciwko innemu człowiekowi wyszła mu na dobre.

Władysław Grabski

Trzeba, by autorytet wypłynął z wartości moralnych i intelektualnych, wtedy tylko jest on trwałym i poważnym.

David Grayson

Jakże wielu ludzi, którzy wyprawiają się w poszukiwaniu szczęścia, nie zauważa, że ono czeka na ganku ich domu.

Trygve Gulbranssen

Pieniądz wiele żąda od swego właściciela – zabierze mu nawet duszę, jeśli nie będzie na siebie uważał.

Adolf Harnack

Nic bardziej nie wzmacnia człowieka niż okazane mu zaufanie.

Nic bardziej nie wzmacnia człowieka niż okazane mu zaufanie.

Hermann Hesse

Istnieją miliony oblicz prawdy, ale prawda jest tylko jedna.

Jaki sens miałoby pisanie, gdyby nie stała za nim wola prawdy.

Hi-cy-Czuan

Naucz się znajdować radość w życiu – to najlepszy sposób przyciągnięcia szczęścia.

Napoleon Hill

Wiara nakierowana na odniesienie sukcesu nada siłę każdej Twojej myśli.

Paul Holbach

Aby być szczęśliwym, trzeba pragnąć, działać i pracować, taki jest porządek przyrody, której życie polega na działaniu.

Ciesz się z podróży.

Oliver Holmes

Tylko wiara i entuzjazm sprawiają, że warto żyć.

Albert Jacquard

Zdolność myślenia nie zna granic.

Margo Jones

Odrobina wiary jest warunkiem powodzenia każdego przedsięwzięcia.

Erica Jong

Zaakceptowałam strach jako nieodłączną część życia – szczególnie strach przed zmianami. Idę naprzód mimo walenia serca, które mówi: zawróć.

Joseph Joubert

Dzieci potrzebują bardziej dobrego przykładu niż krytyki.

Kartezjusz

Myślę, więc jestem.

Erich Kästner

Można wyjść od jakiegoś punktu, ale nie można na nim spocząć.

Helen Keller

Gdy zamykają się jedne drzwi do szczęścia, otwierają się inne, ale my patrzymy na pierwsze drzwi tak długo, że nie widzimy tych drugich.

Możemy zrealizować każde zamierzenie, jeśli potrafimy trwać w nim wystarczająco długo.

Życie albo jest śmiałą przygodą, albo nie jest życiem. Nie lękać się zmian, a w obliczu kapryśności losu zachowywać hart ducha – oto siła nie do pokonania.

Johannes Kepler

Radość jest potrzebą, siłą i wartością życia.

Karol Kettering

Obchodzi mnie przyszłość, bo zamierzam spędzić w niej resztę życia.

Problem dobrze ujęty, to w połowie rozwiązany.

Antoni Kępiński

Dziecko, bawiąc się, doznaje po raz pierwszy w życiu radości twórcy i władcy.

W miarę dojrzewania uczuciowego wzrasta potrzeba dawania.

Jan Amos Komeński

Kto się o mądrość ubiega, ten księgi miłować winien nad srebro i złoto.

John Kotter

Większość ludzi nie prowadzi swojego życia. Oni je tylko akceptują.

Roger L'Estrange

To nie miejsce ani spełnienie jakiegoś warunku, ale sam umysł jest tym, co może uczynić każdego szczęśliwym lub nieszczęśliwym.

Leonardo da Vinci

Trzeba kontemplować i dużo myśleć. Kto mało myśli, ten dużo traci.

Abraham Lincoln

Ludzie są na tyle szczęśliwi, na ile sobie pozwolą nimi być.

Moim problemem nie jest, czy Bóg jest po naszej stronie. Moim największym zmartwieniem jest, czy my jesteśmy po stronie Boga. Bo Bóg ma zawsze rację!

Mike Litman

Człowiek rodzi się po to, by wieść nadzwyczajne życie, robić nadzwyczajne rzeczy i pomóc nadzwyczajnej liczbie ludzi.

Lope de Vega

Postęp to znaczy lepsze, a nie tylko nowe.

Tylko przykład jest zaraźliwy.

John Mansfield

Człowiek składa się z ciała, umysłu i wyobraźni. Jego ciało jest niedoskonałe, jego umysł zawodny, ale jego wyobraźnia czyni go znakomitym.

Marek Aureliusz

Najtrudniej jest dotrzeć do samego siebie.

Zawsze masz możność żyć szczęśliwie, jeśli pójdziesz dobrą drogą i zechcesz dobrze myśleć i czynić. A szczęśliwy to ten, kto los szczęśliwy sam sobie przygotował. A los szczęśliwy to dobre drganie duszy, dobre skłonności, dobre czyny.

John Mason

Potrzeba młotka wytrwałości, by wbić gwóźdź sukcesu.

John McCain

Zacznij od tego, żeby mieć odwagę. Reszta przyjdzie sama.

Anthony de Mello

Jeśli jesteś nieszczęśliwy, to dlatego, że cały czas myślisz raczej o tym, czego nie masz, zamiast koncentrować się na tym, co masz w danej chwili.

Leroy „Roy" Milburn

Wytrwałość jest tym dla ludzi, czym drożdże dla chleba i ciasta.

Monteskiusz

Im mniej ludzie mówią, tym więcej myślą.

Reinhold Niebuhr

Boże, daj mi tę łaskę, bym przyjął to, czego nie mogę zmienić. Daj odwagę, bym zmieniał to, co zmienić mogę. I mądrość, bym odróżnił jedno od drugiego.

Earl Nightingale

Nie pozwól, by obawa o to, ile czasu zajmie osiągnięcie czegoś, przeszkodziła Ci w zrobieniu tego. Czas i tak upłynie, można więc równie dobrze wykorzystać go w najlepszy możliwy sposób.

Borys Pasternak

Nigdy w żadnym wypadku nie wolno wpadać w rozpacz. Mieć nadzieję i działać – oto nasz obowiązek w nieszczęściu.

Odwaga góry przenosi.

Ludwik Pasteur

Moja siła leży w nieustępliwości.

Norman Vincent Peale

Entuzjazm zmienia wszystko.

Platon

Doświadczenie pozwala nam kierować własnym życiem wedle zasad sztuki, brak doświadczenia rzuca nas na igraszkę losu.

Myśleć to, co prawdziwe, czuć to, co piękne, i kochać, co dobre.

Jules Henri Poincaré

Wiedzę buduje się z faktów, jak dom z kamienia; ale zbiór faktów nie jest wiedzą, jak stos kamieni nie jest domem.

Alexander Pope

Najlepiej znoszą krytykę ci, którzy najbardziej zasługują na pochwałę.

Anthony Robbins

Determinacja jest wyzwaniem budzącym ludzką wolę.

Eleanor Roosevelt

Bez Twojego pozwolenia nikt nie może sprawić, że poczujesz się gorszy.

Jan Jakub Rousseau

Prawdziwa grzeczność polega na wyrażaniu życzliwości.

Rośliny uszlachetnia się przez uprawę, ludzi – przez wychowanie.

Joanne K. Rowling

Liczy się nie to, kim się ktoś urodził, ale kim wybrał, by być.

Bertrand Russell

Pewne rzeczy są dla większości ludzi niezbędnym warunkiem szczęścia, ale są to rzeczy proste: pożywienie, dach nad głową, zdrowie, miłość, powodzenie w pracy i szacunek otoczenia.

Życie szczęśliwe jest w niezwykłym stopniu identyczne z życiem wartościowym.

William Saroyan

Dziecko poszukuje dziecka w każdym, kogo spo-

tka. Jeśli znajdzie je w dorosłym, podoba mu się
ta osoba bardziej niż inne.

Antoine de Saint-Exupéry

Będziemy szczęśliwi dopiero wtedy, gdy uświa-
domimy sobie nasze zadanie, choćby najskrom-
niejsze. Wtedy dopiero będziemy mogli spokojnie żyć i spokojnie umierać, gdyż to, co nadaje
sens życiu, nadaje sens także śmierci.

Andrzej Sapkowski

Jeśli cel przyświeca, sposób musi się znaleźć.

José Saramago

Nigdy się nie dowiemy, do jakiego stopnia nasze
życie uległoby zmianie, gdyby pewne usłyszane
i niezrozumiane zdania zostały zrozumiane.

Jean-Paul Sartre

Każdy musi odkryć swoją własną drogę.

Éric-Emmanuel Schmitt

Każdy związek jest domem, do którego klucze znajdują się w rękach mieszkańców.

Albert Schweitzer

Ten, kto ma odwagę oceniać siebie samego, staje się coraz lepszy.

Seneka Młodszy

Najwyższym dobrem jest duch, gardzący przypadkowymi dobrami, rozradowany cnotą, albo ściślej, niepokonana siła ducha, doświadczona we wszystkim, łagodna w czynach, delikatna w obejściu z innymi.

Nie rozglądaj się za szczęściem, bo w ten sposób go nie zobaczysz. Ono jest w Tobie i tylko w Tobie samym!

Wierz mi, prawdziwa radość jest rzeczą poważną.

Seneka Starszy

Dwie rzeczy dają duszy największą siłę: wierność prawdzie i wiara w siebie.

Prawdę należy mówić tylko temu, kto chce jej słuchać.

George Bernard Shaw

Ideały są jak gwiazdy. Jeśli nawet nie możemy ich osiągnąć, to należy się według nich orientować.

Richard B. Sheridan

Najpewniejszym sposobem na uniknięcie porażki jest determinacja, by osiągnąć sukces.

Maria Skłodowska-Curie

Jeśli to zajmie sto lat, to trudno, ale nie przestanę pracować tak długo, jak żyję.

SOKRATES

Mądrość zależy od trzech rzeczy: osobowości, wiedzy, samokontroli.

WILLIAM SZEKSPIR

O ileż lepiej płakać z radości niż znajdować radość w płaczu.

AMY TAN

Kiedy piszesz, musisz zebrać w jeden strumień wszystkie swobodne prądy serca.

WŁADYSŁAW TATARKIEWICZ

Aby człowiek mógł być zadowolony z życia, jednym z najistotniejszych warunków jest, aby był przekonany, że ma ono jakiś sens, jakąś wartość.

Do szczęścia należą dwie rzeczy: wieść życie, z którego jest się zadowolonym, i być zadowolonym z życia, które się wiedzie.

Od człowieka zależy, czy przeszkody, jakie ma w życiu, będą mu dokuczać więcej czy mniej lub też wcale nie będą dlań przeszkodami.

Carol Anne Tavris, Elliot Aronson

Nasze dobre uczynki mogą tworzyć spiralę życzliwości i współczucia – „błędne koło dobroci".

Henry David Thoreau

Chciałbym, ażeby każdy z wielkim staraniem wybrał własną drogę i szedł naprzód właśnie nią, zamiast drogą ojca, matki czy sąsiada.

Nic nie dodaje odwagi bardziej niż niekwestionowana zdolność człowieka do podźwignięcia własnego życia poprzez świadome działanie.

Paul Tillich

Męstwo, w połączeniu z mądrością, zawiera umiarkowanie człowieka w stosunku do siebie oraz sprawiedliwość w stosunku do innych.

Józef Tischner

Dzięki swoim wolnym decyzjom, dzięki odczuwanym wartościom, dzięki tysiącom podjętych czynności człowiek nieustannie tworzy samego siebie.

Brian Tracy

Twoje życie staje się lepsze, tylko kiedy Ty stajesz się lepszy.

Twój charakter jest Twoim najważniejszym atutem, dlatego powinieneś pracować nad sobą przez całe życie.

Mark Twain

Aby zerwać z nawykiem, wyrób sobie inny, który go wymaże.

Spraw, aby każdy dzień miał szansę stać się najpiękniejszym dniem Twego życia.

Jan Twardowski

Aby żyć w zgodzie z innymi, człowiek musi najpierw pogodzić się z samym sobą.

Wielkie dzieło nawrócenia świata rozpoczyna się od małych nieraz wysiłków, od budowania zgody w naszych rodzinach, parafiach, w środowiskach pracy.

Wergiliusz

Ludzie potrafią, gdyż sądzą, że potrafią.

Paul Zulehner

Kto nie ma odwagi do marzeń, nie będzie miał siły do walki.

Przysłowie angielskie:

Aby być szczęśliwym, trzeba pragnąć, działać i pracować, taki jest porządek przyrody, której życie polega na działaniu.

Przysłowie japońskie:

Ten jest ubogi, kto nie odczuwa zadowolenia.

Napis na budynku Williams College w Williamstown (USA):

Pnij się wysoko – Twoją metą niebo, Twoim celem gwiazda.

Dodatek 2

Książki, które rozwijają
i inspirują

Albright M., Carr C., *Największe błędy menedże-rów*, Warszawa 1997.

Allen B.D., Allen W.D., *Formuła 2+2. Skuteczny coaching*, Warszawa 2006.

Anderson Ch., *Za darmo: przyszłość najbardziej radykalnej z cen*, Kraków 2011.

Anthony R., *Pełna wiara w siebie*, Warszawa 2005.

Ariely D., *Zalety irracjonalności. Korzyści z po-stępowania wbrew logice w domu i pracy*, Wro-cław 2010.

Bates W.H., *Naturalne leczenie wzroku bez okula-rów*, Katowice 2011.

Bettger F., *Jak umiejętnie sprzedawać i zwielokrotnić dochody*, Warszawa 1995.

Blanchard K., Johnson S., *Jednominutowy menedżer*, Konstancin-Jeziorna 1995.

Blanchard K., O'Connor M., *Zarządzanie poprzez wartości*, Warszawa 1998.

Bogacka A.W., *Zdrowie na talerzu*, Białystok 2008.

Bollier D., *Mierzyć wyżej. Historie 25 firm, które osiągnęły sukces, łącząc skuteczne zarządzanie z realizacją misji społecznych*, Warszawa 1999.

Bond W.J., *199 sytuacji, w których tracimy czas, i jak ich uniknąć*, Gdańsk 1995.

Bono E. de, *Dziecko w szkole kreatywnego myślenia*, Gliwice 2010.

Bono E. de, *Sześć kapeluszy myślowych*, Gliwice 2007.

Bono E. de, *Sześć ram myślowych*, Gliwice 2009.

Bono E. de, *Wodna logika. Wypłyń na szerokie wody kreatywności*, Gliwice 2011.

Bossidy L., Charan R., *Realizacja. Zasady wprowadzania planów w życie*, Warszawa 2003.

Branden N., *Sześć filarów poczucia własnej wartości*, Łódź 2010.

Branson R., *Zaryzykuj – zrób to! Lekcje życia*, Warszawa-Wesoła 2012.

Brothers J., Eagan E, *Pamięć doskonała w 10 dni*, Warszawa 2000.

Buckingham M., *To jedno, co powinieneś wiedzieć... o świetnym zarządzaniu, wybitnym przywództwie i trwałym sukcesie osobistym*, Warszawa 2006.

Buckingham M., *Wykorzystaj swoje silne strony. Użyj dźwigni swojego talentu*, Waszawa 2010

Buckingham M., Clifton D.O., *Teraz odkryj swoje silne strony*, Warszawa 2003.

Butler E., Pirie M., *Jak podwyższyć swój iloraz inteligencji?*, Gdańsk 1995.

Buzan T., *Mapy myśli*, Łódź 2008.

Buzan T., *Pamięć na zawołanie*, Łódź 1999.

Buzan T., *Podręcznik szybkiego czytania*, Łódź 2003.

Buzan T., *Potęga umysłu. Jak zyskać sprawność fizyczną i umysłową: związek umysłu i ciała*, Warszawa 2003.

Buzan T., Dottino T., Israel R., *Zwykli ludzie – liderzy. Jak maksymalnie wykorzystać kreatywność pracowników*, Warszawa 2008.

Carnegie D., *I ty możesz być liderem*, Warszawa 1995.

Carnegie D., *Jak przestać się martwić i zacząć żyć*, Warszawa 2011.

Carnegie D., *Jak zdobyć przyjaciół i zjednać sobie ludzi*, Warszawa 2011.

Carnegie D., *Po szczeblach słowa. Jak stać się doskonałym mówcą i rozmówcą*, Warszawa 2009.

Carnegie D., Crom M., Crom J.O., *Szkoła biznesu. O pozyskiwaniu klientów na zawsze*, Warszawa 2003

Cialdini R., *Wywieranie wpływu na ludzi*, Gdańsk 1998.

Clegg B., *Przyspieszony kurs rozwoju osobistego*, Warszawa 2002.

Cofer C.N., Appley M.H., *Motywacja: teoria i badania*, Warszawa 1972.

Cohen H., *Wszystko możesz wynegocjować. Jak osiągnąć to, co chcesz*, Warszawa 1997.

Covey S.R., *3. rozwiązanie*, Poznań 2012.

Covey S.R., *7 nawyków skutecznego działania*, Poznań 2007.

Covey S.R., *8. nawyk*, Poznań 2006.

Covey S.R., Merrill A.R., Merrill R.R., *Najpierw rzeczy najważniejsze*, Warszawa 2007.

Craig M., *50 najlepszych (i najgorszych) interesów w historii biznesu*, Warszawa 2002.

Csikszentmihalyi M., *Przepływ: psychologia optymalnego doświadczenia*, Wrocław 2005.

Davis R.C., Lindsmith B., *Ludzie renesansu: umysły, które ukształtowały erę nowożytną*, Poznań 2012.

Davis R.D., Braun E.M., *Dar dysleksji. Dlaczego niektórzy zdolni ludzie nie umieją czytać i jak mogą się nauczyć*, Poznań 2001.

Dearlove D., *Biznes w stylu Richarda Bransona. 10 tajemnic twórcy megamarki*, Gdańsk 2009.

DeVos D., *Podstawy wolności. Wartości decydujące o sukcesie jednostek i społeczeństw*, Konstancin-Jeziorna 1998.

DeVos R.M., Conn Ch.P., *Uwierz! Credo człowieka czynu, współzałożyciela Amway Corporation, hołdującego zasadom, które uczyniły Amerykę wielką*, Warszawa 1994.

Dixit A.K., Nalebuff B.J., *Myślenie strategiczne. Jak zapewnić sobie przewagę w biznesie, polityce i życiu prywatnym*, Gliwice 2009.

Dixit A.K., Nalebuff B.J., *Sztuka strategii. Teoria gier w biznesie i życiu prywatnym*, Warszawa 2009.

Dobson J., *Jak budować poczucie wartości w swoim dziecku*, Lublin 1993.

Doskonalenie strategii (seria *Harvard Bussines Review*), praca zbiorowa, Gliwice 2006.

Dryden G., Vos J., *Rewolucja w uczeniu*, Poznań 2000.

Dyer W.W., *Kieruj swoim życiem*, Warszawa 2012.

Dyer W.W., *Pokochaj siebie*, Warszawa 2008.

Edelman R.C., Hiltabiddle T.R., Manz Ch.C., *Syndrom miłego człowieka*, Gliwice 2010.

Eichelberger W., Forthomme P., Nail F., *Quest. Twoja droga do sukcesu. Nie ma prostych recept na sukces, ale są recepty skuteczne*, Warszawa 2008.

Enkelmann N.B., *Biznes i motywacja*, Łódź 1997.

Eysenck H. i M., *Podpatrywanie umysłu. Dlaczego ludzie zachowują się tak, jak się zachowują?*, Gdańsk 1996.

Ferriss T., *4-godzinny tydzień pracy. Nie bądź płatnym niewolnikiem od 7.00 do 17.00*, Warszawa 2009.

Flexner J.T., *Washington. Człowiek niezastąpiony*, Warszawa 1990.

Forward S., Frazier D., *Szantaż emocjonalny: jak obronić się przed manipulacją i wykorzystaniem*, Gdańsk 2011.

Frankl V.E., *Człowiek w poszukiwaniu sensu*, Warszawa 2009.

Frankl V.E., *Wola sensu*, Warszawa 2010.

Fraser J.F., *Jak Ameryka pracuje*, Przemyśl 1910.

Freud Z., *Wstęp do psychoanalizy*, Warszawa 1994.

Fromm E., *Mieć czy być*, Poznań 2009.

Fromm E., *Niech się stanie człowiek. Z psychologii etyki*, Warszawa 2005.

Fromm E., *O sztuce miłości*, Poznań 2002.

Fromm E., *O sztuce słuchania. Terapeutyczne aspekty psychoanalizy*, Warszawa 2002.

Fromm E., *Serce człowieka. Jego niezwykła zdolność do dobra i zła*, Warszawa 2000.

Fromm E., *Ucieczka od wolności*, Warszawa 2001.

Fromm E., *Zerwać okowy iluzji*, Poznań 2000.

Galloway D., *Sztuka samodyscypliny*, Warszawa 1997.

Gardner H., *Inteligencje wielorakie – teoria w praktyce*, Poznań 2002.

Gawande A., *Potęga checklisty: jak opanować chaos i zyskać swobodę w działaniu*, Kraków 2012.

Gelb M.J., *Leonardo da Vinci odkodowany*, Poznań 2005.

Gelb M.J., Miller Caldicott S., *Myśleć jak Edison*, Poznań 2010.

Gelb M.J., *Myśleć jak geniusz*, Poznań 2004.

Gelb M.J., *Myśleć jak Leonardo da Vinci*, Poznań 2001.

Giblin L., *Umiejętność postępowania z innymi…*, Kraków 1993.

Girard J., Casemore R., *Pokonać drogę na szczyt*, Warszawa 1996.

Glass L., *Toksyczni ludzie*, Poznań 1998.

Godlewska M., *Jak pokonałam raka*, Białystok 2011.

Godwin M., *Kim jestem? 101 dróg do odkrycia siebie*, Warszawa 2001.

Goleman D., *Inteligencja emocjonalna*, Poznań 2002.

Gordon T., *Wychowywanie bez porażek szefów, liderów, przywódców*, Warszawa 1996.

Gorman T., *Droga do skutecznych działań. Motywacja*, Gliwice 2009.

Gorman T., *Droga do wzrostu zysków. Innowacja*, Gliwice 2009.

Greenberg H., Sweeney P., *Jak odnieść sukces i rozwinąć swój potencjał*, Warszawa 2007.

Habeler P., Steinbach K., *Celem jest szczyt*, Warszawa 2011.

Hamel G., Prahalad C.K., *Przewaga konkurencyjna jutra*, Warszawa 1999.

Hamlin S., *Jak mówić, żeby nas słuchali*, Poznań 2008.

Heinrich Bernd, *Wieczne życie. O zwierzęcej formie śmierci*, Wołowiec 2014.

Hill N., *Klucze do sukcesu*, Warszawa 1998.

Hill N., *Magiczna drabina do sukcesu*, Warszawa 2007.

Hill N., *Myśl!... i bogać się. Podręcznik człowieka interesu*, Warszawa 2012.

Hill N., *Początek wielkiej kariery*, Gliwice 2009.

Ingram D.B., Parks J.A., *Etyka dla żółtodziobów, czyli wszystko, co powinieneś wiedzieć o…*, Poznań 2003.

Jagiełło J., Zuziak W. [red.], *Człowiek wobec wartości*, Kraków 2006.

James W., *Pragmatyzm*, Warszawa 2009.

Jamruszkiewicz J., *Kurs szybkiego czytania*, Chorzów 2002.

Johnson S., *Tak czy nie. Jak podejmować dobre decyzje*, Konstancin-Jeziorna 1995.

Jones Ch., *Życie jest fascynujące*, Konstancin-Jeziorna 1993.

Kanter R.M., *Wiara w siebie. Jak zaczynają się i kończą dobre i złe passy*, Warszawa 2006.

Keller H., *Historia mojego życia*, Warszawa 1978.

King Barbara J., *Osobowość na talerzu*, Warszawa 2017.

Kirschner J., *Zwycięstwo bez walki. Strategie przeciw agresji*, Gliwice 2008.

Koch R., *Zasada 80/20. Lepsze efekty mniejszym nakładem sił i środków*, Konstancin-Jeziorna 1998.

Kopmeyer M.R., *Praktyczne metody osiągania sukcesu*, Warszawa 1994.

Ksenofont, *Cyrus Wielki. Sztuka zwyciężania*, Warszawa 2008.

Kuba A., Hausman J., *Dzieje samochodu*, Warszawa 1973.

Kumaniecki K., *Historia kultury starożytnej Grecji i Rzymu*, Warszawa 1964.

Lamont G., *Jak podnieść pewność siebie*, Łódź 2008.

Leigh A., Maynard M., *Lider doskonały*, Poznań 1999.

Littauer F., *Osobowość plus*, Warszawa 2007.

Loreau D., *Sztuka prostoty*, Warszawa 2009.

Lott L., Intner R., Mendenhall B., *Autoterapia dla każdego. Spróbuj w osiem tygodni zmienić swoje życie*, Warszawa 2006.

Maige Ch., Muller J.-L., *Walka z czasem. Atut strategiczny przedsiębiorstwa*, Warszawa 1995.

Mansfield P., *Jak być asertywnym*, Poznań 1994.

Martin R., *Niepokorny umysł. Poznaj klucz do myślenia zintegrowanego*, Gliwice 2009.

Maslow A., *Motywacja i osobowość*, Warszawa 2009.

Matusewicz Cz., *Wprowadzenie do psychologii*, Warszawa 2011.

Maxwell J.C., *21 cech skutecznego lidera*, Warszawa 2012.

Maxwell J.C., *Tworzyć liderów, czyli jak wprowadzać innych na drogę sukcesu*, Konstancin-Jeziorna 1997.

Maxwell J.C., *Wszyscy się komunikują, niewielu potrafi się porozumieć*, Warszawa 2011.

McCormack M.H., *O zarządzaniu*, Warszawa 1998.

McElroy K., *Jak inwestować w nieruchomości. Znajdź ukryte zyski, których większość inwestorów nie dostrzega*, Osielsko 2008.

McGee P., *Pewność siebie. Jak mała zmiana może zrobić wielką różnicę*, Gliwice 2011.

McGrath H., Edwards H., *Trudne osobowości. Jak radzić sobie ze szkodliwymi zachowaniami innych oraz własnymi*, Poznań 2010.

Mellody P., Miller A.W., Miller J.K., *Toksyczna miłość i jak się z niej wyzwolić*, Warszawa 2013.

Melody B., *Koniec współuzależnienia*, Poznań 2002.

Miller M., *Style myślenia*, Poznań 2000.

Mingotaud F., *Sprawny kierownik. Techniki osiągania sukcesów*, Warszawa 1994.

MJ DeMarco, *Fastlane milionera*, Katowice 2012.

Morgenstern J., *Jak być doskonale zorganizowanym*, Warszawa 2000.

Nay W.R., *Związek bez gniewu. Jak przerwać błędne koło kłótni, dąsów i cichych dni*, Warszawa 2011.

Nierenberg G.I., *Ekspert. Czy nim jesteś?*, Warszawa 2001.

Ogger G., *Geniusze i spekulanci, Jak rodził się kapitalizm*, Warszawa 1993.

Osho, *Księga zrozumienia. Własna droga do wolności*, Warszawa 2009.

Parkinson C.N., *Prawo pani Parkinson*, Warszawa 1970.

Peale N.V., *Entuzjazm zmienia wszystko. Jak stać się zwycięzcą*, Warszawa 1996.

Peale N.V., *Możesz, jeśli myślisz, że możesz*, Warszawa 2005.

Peale N.V., *Rozbudź w sobie twórczy potencjał*, Warszawa 1997.

Peale N.V., *Uwierz i zwyciężaj. Jak zaufać swoim myślom i poczuć pewność siebie*, Warszawa 1999.

Peters Steve, *Paradoks szympansa*, Warszawa 2012.

Pietrasiński Z., *Psychologia sprawnego myślenia*, Warszawa 1959.

Pilikowski J., *Podróż w świat etyki*, Kraków 2010.

Pink D.H., *Drive*, Warszawa 2011.

Pirożyński M., *Kształcenie charakteru*, Poznań 1999.

Pismo Święte Starego i Nowego Testamentu. Biblia Tysiąclecia, Warszawa 2002.

Pismo Święte w Przekładzie Nowego Świata, 1997.

Popielski K., *Psychologia egzystencji. Wartości w życiu*, Lublin 2009.

Poznaj swoją osobowość, Bielsko-Biała 1996.

Przemieniecki J., *Psychologia jednostki. Odkoduj szyfr do swego umysłu*, Warszawa 2008.

Pszczołowski T., *Umiejętność przekonywania i dyskusji*, Gdańsk 1998.

Reiman T., *Potęga perswazyjnej komunikacji*, Gliwice 2011.

Robbins A., *Nasza moc bez granic. Skuteczna metoda osiągania życiowych sukcesów za pomocą NLP*, Konstancin-Jeziorna 2009.

Robbins A., *Obudź w sobie olbrzyma… i miej wpływ na całe swoje życie – od zaraz*, Poznań 2002.

Robbins A., *Olbrzymie kroki*, Warszawa 2001.

Robert M., *Nowe myślenie strategiczne: czyste i proste*, Warszawa 2006.

Robinson Ken, *Kreatywne szkoły*, Kraków 2015.

Robinson Ken, *Oblicza umysłu*, Gliwice 2011.

Robinson J.W., *Imperium wolności. Historia Amway Corporation*, Warszawa 1997.

Rose C., Nicholl M.J., *Ucz się szybciej, na miarę XXI wieku*, Warszawa 2003.

Rose N., *Winston Churchill. Życie pod prąd*, Warszawa 1996.

Rychter W., *Dzieje samochodu*, Warszawa 1962.

Ryżak Z., *Zarządzanie energią kluczem do sukcesu*, Warszawa 2008.

Savater F., *Etyka dla syna*, Warszawa 1996.

Schäfer B., *Droga do finansowej wolności. Pierwszy milion w ciągu siedmiu lat*, Warszawa 2011.

Schäfer B., *Zasady zwycięzców*, Warszawa 2007.

Scherman J.R., *Jak skończyć z odwlekaniem i działać skutecznie*, Warszawa 1995.

Schuller R.H., *Ciężkie czasy przemijają, bądź silny i przetrwaj je*, Warszawa 1996.

Schwalbe B., Schwalbe H., Zander E., *Rozwijanie osobowości. Jak zostać sprzedawcą doskonałym*, tom 2, Warszawa 1994.

Schwartz D.J., *Magia myślenia kategoriami sukcesu*, Konstancin-Jeziorna 1994.

Schwartz D.J., *Magia myślenia na wielką skalę. Jak zaprząc duszę i umysł do wielkich osiągnięć*, Warszawa 2008.

Shapiro Paul, *Czyste mięso*, Warszawa 2018.

Scott S.K., *Notatnik milionera. Jak zwykli ludzie mogą osiągać niezwykłe sukcesy*, Warszawa 1997.

Sedlak K. [red.], *Jak poszukiwać i zjednywać najlepszych pracowników*, Kraków 1995.

Seiwert L.J., *Jak organizować czas*, Warszawa 1998.

Seligman M.E.P., *Co możesz zmienić, a czego nie możesz*, Poznań 1995.

Seligman M.E.P., *Pełnia życia*, Poznań 2011.

Seneka, *Myśli*, Kraków 1989.

Sewell C., Brown P.B., *Klient na całe życie, czyli jak przypadkowego klienta zmienić w wiernego entuzjastę naszych usług*, Warszawa 1992.

Słownik pisarzy antycznych, Warszawa 1982.

Smith A., *Umysł*, Warszawa 1989.

Spector R., *Amazon.com. Historia przedsiębiorstwa, które stworzyło nowy model biznesu*, Warszawa 2000.

Spence G., *Jak skutecznie przekonywać... wszędzie i każdego dnia*, Poznań 2001.

Sprenger R.K., *Zaufanie # 1*, Warszawa 2011.

Staff L., *Michał Anioł*, Warszawa 1990.

Stone D.C., *Podążaj za swymi marzeniami*, Konstancin-Jeziorna 1998.

Swiet J., *Kolumb*, Warszawa 1979.

Szurawski M., *Pamięć. Trening interaktywny*, Łódź 2004.

Szyszkowska M., *W poszukiwaniu sensu życia*, Warszawa 1997.

Tatarkiewicz W., *O szczęściu*, Warszawa 1979.

Tavris C., Aronson E., *Błądzą wszyscy (ale nie ja)*, Sopot-Warszawa 2008.

Tracy B., *Milionerzy z wyboru. 21 tajemnic sukcesu*, Warszawa 2002.

Tracy B., *Plan lotu. Prawdziwy sekret sukcesu*, Warszawa 2008.

Tracy B., Scheelen F.M., *Osobowość lidera*, Warszawa 2001.

Tracy B., *Sztuka zatrudniania najlepszych. 21 praktycznych i sprawdzonych technik do wykorzystania od zaraz*, Warszawa 2006.

Tracy B., *Turbostrategia. 21 skutecznych sposobów na przekształcenie firmy i szybkie zwiększenie zysków*, Warszawa 2004.

Tracy B., *Zarabiaj więcej i awansuj szybciej. 21 sposobów na przyspieszenie kariery*, Warszawa 2007.

Tracy B., *Zarządzanie czasem*, Warszawa 2008.

Tracy B., *Zjedz tę żabę. 21 metod podnoszenia wydajności w pracy i zwalczania skłonności do zwlekania*, Warszawa 2005.

Twentier J.D., *Sztuka chwalenia ludzi*, Warszawa 1998.

Urban H., *Moc pozytywnych słów*, Warszawa 2012.

Ury W., *Odchodząc od nie. Negocjowanie od konfrontacji do kooperacji*, Warszawa 2000.

Vance Erik, *Potęga sugestii*, Warszawa 2018.

Vitale J., *Klucz do sekretu. Przyciągnij do siebie wszystko, czego pragniesz*, Gliwice 2009.

Waitley D., *Być najlepszym*, Warszawa 1998.

Waitley D., *Imperium umysłu*, Konstancin-Jeziorna 1997.

Waitley D., *Podwójne zwycięstwo*, Warszawa 1996.

Waitley D., *Sukces zależy od właściwego momentu*, Warszawa 1997.

Waitley D., Tucker R.B., *Gra o sukces. Jak zwyciężać w twórczej rywalizacji*, Warszawa 1996.

Walker Timothy D., *Fińskie dzieci uczą się najlepiej*, Warszawa 2017.

Walton S., Huey J., *Sam Walton. Made in America*, Warszawa 1994.

Waterhouse J., Minors D., Waterhouse M., *Twój zegar biologiczny. Jak żyć z nim w zgodzie*, Warszawa 1993.

Ware Bronnie, *Czego najbardziej żałują umierający*, Warszawa 2016.

Wegscheider-Cruse S., *Poczucie własnej wartości. Jak pokochać siebie*, Gdańsk 2007.

Wilson P., *Idealna równowaga. Jak znaleźć czas i sposób na pełnię życia*, Warszawa 2010.

Ziglar Z., *Do zobaczenia na szczycie*, Warszawa 1995.

Ziglar Z., *Droga na szczyt*, Konstancin-Jeziorna 1995.

Ziglar Z., *Ponad szczytem*, Warszawa 1995.

O autorze

Andrzej Moszczyński od 30 lat aktywnie zajmuje się działalnością biznesową. Jego główną kompetencją jest tworzenie skutecznych strategii dla konkretnych obszarów biznesu.

W latach 90. zdobywał doświadczenie w branży reklamowej – był prezesem i założycielem dwóch spółek z o.o. Zatrudniał w nich ponad 40 osób. Spółki te były liderami w swoich branżach, głównie w reklamie zewnętrznej – tranzytowej (reklamy na tramwajach, autobusach i samochodach). W 2001 r. przejęciem pakietów kontrolnych w tych spółkach zainteresowały się dwie firmy: amerykańska spółka giełdowa działająca w ponad 30 krajach, skupiająca się na reklamie radiowej i reklamie zewnętrznej oraz największy w Europie fundusz inwestycyjny.

W 2003 r. Andrzej sprzedał udziały w tych spółkach inwestorom strategicznym.

W latach 2005-2015 był prezesem i założycielem spółki, która zajmowała się kompleksową komercjalizacją liderów rynku deweloperskiego (firma w sumie sprzedała ponad 1000 mieszkań oraz 350 apartamentów hotelowych w systemie condo).

W latach 2009-2018 był akcjonariuszem strategicznym oraz przewodniczącym rady nadzorczej fabryki urządzeń okrętowych Expom SA. Spółka ta zasięgiem działania obejmuje cały świat, dostarczając urządzenia (w tym dźwigi i żurawie) dla branży morskiej. W 2018 r. sprzedał pakiet swoich akcji inwestorowi branżowemu.

W 2014 r. utworzył w USA spółkę LLC, która działa w branży wydawniczej. W ciągu 14 lat (poczynając od 2005 r.) napisał w sumie 22 kieszonkowe poradniki z dziedziny rozwoju kompetencji miękkich – obszaru, który ma między innymi znaczenie strategiczne dla budowania wartości niematerialnych i prawnych przedsiębiorstw. Poradniki napisane przez Andrzeja koncentrują się na przekazaniu wiedzy o wartościach i rozwoju osobowości – czynnikach odpowiedzialnych za prowadzenie dobrego życia, bycie spełnionym i szczęśliwym.

Andrzej zdobywał wiedzę z dziedziny budowania wartości firm oraz tworzenia skutecznych strategii przy udziale następujących instytucji: Ernst & Young, Gallup Institute, Pricewaterhause-Coopers (PwC) oraz Harward Business Review. Jego kompetencje można przyrównać do pracy **stroiciela instrumentu.**

Kiedy miał 7 lat, mama zabrała go do szkoły muzycznej, aby sprawdzić, czy ma talent. Przeszedł test pozytywnie – okazało się, że może rozpocząć edukację muzyczną. Z różnych powodów to nie nastąpiło. Często jednak w jego książkach czy wykładach można usłyszeć bądź przeczytać przykłady związane ze światem muzyki.

Dlaczego można przyrównać jego kompetencje do pracy stroiciela na przykład fortepianu? Stroiciel udoskonala fortepian, aby jego dźwięk był idealny. Każdy fortepian ma swój określony potencjał mierzony jakością dźwięku – dźwięku, który urzeka i wprowadza ludzi w stan relaksu, a może nawet pozytywnego ukojenia. Podobnie jak stroiciel Andrzej udoskonala różne procesy – szczególnie te, które dotyczą relacji z innymi ludźmi. Wierzy, że ludzie posiadają mechanizm psychologiczny, który można symbolicznie przyrównać do **mentalnego żyroskopu** czy **mentalnego noktowizora**. Rola Andrzeja polega na naprawieniu bądź wprowadzeniu w ruch tych „urządzeń".

Żyroskop jest urządzeniem, które niezależnie od komplikacji pokazuje określony kierunek. Tego typu urządzenie wykorzystywane jest na statkach i w samolotach. Andrzej jest przekonany, że rozwijanie **koncentracji i wyobraźni** prowadzi do włączenia naszego mentalnego żyroskopu. Dzięki temu możemy między innymi znajdować skuteczne rozwiązania skomplikowanych wyzwań.

Noktowizor to wyjątkowe urządzenie, które umożliwia widzenie w ciemności. Jest wykorzystywane przez wojsko, służby wywiadowcze czy myśliwych. Życie Andrzeja ukierunkowane jest na badanie tematu źródeł wewnętrznej motywacji – siły skłaniającej do działania, do przejawiania inicjatywy, do podejmowania wyzwań, do wchodzenia w obszary zupełnie nieznane. Andrzej ma przekonanie, że rozwijanie **poczucia własnej wartości** prowadzi do włączenia naszego mentalnego noktowizora. Bez optymalnego poczucia własnej wartości życie jest ciężarem.

W swojej pracy Andrzej koncentruje się na procesach podnoszących jakość następujących obszarów: właściwe interpretowanie zdarzeń, wyciąganie wniosków z analizy porażek oraz sukcesów, formułowanie właściwych pytań, a także korzystanie z wyobraźni w taki sposób, aby przewidywać swoją przyszłość, co łączy się bezpośrednio z umiejętnością strategicznego myślenia. Umiejętności te pomagają rozumieć mechanizmy wywierania wpływu przez inne osoby i umożliwiają niepoddawanie się wszechobecnej indoktrynacji. Kiedy mentalny noktowizor działa poprawnie, przekazuje w odpowiednim czasie sygnały ostrzegające, że ktoś posługuje się manipulacją, aby osiągnąć swoje cele.

Andrzej posiada również doświadczenie jako prelegent, co związane jest z jego zaangażowaniem w działania społeczne. W ostatnich 30 latach był zapraszany do udziału w różnych szkoleniach

i seminariach, zgromadzeniach czy kongresach –
w sumie jako mówca wystąpił ponad 700 razy.
Jego przemówienia i wykłady znane są z inspiru-
jących przykładów i zachęcających pytań, które
mobilizują słuchaczy do działania.

OFERTA WYDAWNICZA
Andrew Moszczynski Group sp. z o.o.

Andrzej Moszczyński
Inaczej
o wartościach
INSPIRUJĄCY PORADNIK

Andrzej Moszczyński
Inaczej
o pozytywnym
myśleniu
INSPIRUJĄCY PORADNIK

Andrzej Moszczyński
Inaczej
o inicjatywie
INSPIRUJĄCY PORADNIK

Andrzej Moszczyński
Inaczej
o miłości
INSPIRUJĄCY PORADNIK

Andrzej Moszczyński
Inaczej
o motywacji
INSPIRUJĄCY PORADNIK

Andrzej Moszczyński
Inaczej
o podejmowaniu
decyzji
INSPIRUJĄCY PORADNIK

Andrzej Moszczyński
Inaczej
o byciu
realistą
INSPIRUJĄCY PORADNIK

Andrzej Moszczyński
Inaczej
o priorytetach
INSPIRUJĄCY PORADNIK

Andrzej Moszczyński
Inaczej
o byciu
wnikliwym
INSPIRUJĄCY PORADNIK

Andrzej Moszczyński
Inaczej
o byciu
asertywnym
INSPIRUJĄCY PORADNIK

Andrzej Moszczyński
Inaczej
o wierze
w siebie
INSPIRUJĄCY PORADNIK

Andrzej Moszczyński
Inaczej
o umiejętności
wyznaczania
i osiągania celów
INSPIRUJĄCY PORADNIK

Andrzej Moszczyński
Inaczej
o zaufaniu
INSPIRUJĄCY PORADNIK

Andrzej Moszczyński
Inaczej
o planowaniu
INSPIRUJĄCY PORADNIK

Andrzej Moszczyński
Inaczej
o byciu
odważnym
INSPIRUJĄCY PORADNIK

Andrzej Moszczyński
Inaczej
o byciu
wytrwałym
INSPIRUJĄCY PORADNIK

Andrzej Moszczyński
Inaczej
o uczeniu się
INSPIRUJĄCY PORADNIK

Andrzej Moszczyński
Inaczej
o entuzjazmie
INSPIRUJĄCY PORADNIK